Hella Wertheim Manfred Rockel

Immer alles geduldig getragen

Als Mädchen in Theresienstadt, Auschwitz und Lenzing,
seit 1945 in der Grafschaft Bentheim

Museumverein für die Grafschaft Bentheim

Die Autoren danken für die finanzielle Unterstützung bei der Herausgabe des Buches der VR Stiftung Volksbanken Raiffeisenbanken über die Volksbanken im Kreis Grafschaft Bentheim, der Emsländischen Landschaft und dem Landkreis Grafschaft Bentheim sowie dem Museumverein für die Grafschaft Bentheim.
Die Autoren danken allen, die Hilfen und Anregungen gegeben haben, besonders den in den Anmerkungen erwähnten Personen, Hans Frauenheim und seinem Team für die graphische Gestaltung sowie Annett Pietrock, Thomas Rohm und Georg Wichmann für Korrekturarbeiten.

Impressum:
Herausgeber: Museumverein für die Grafschaft Bentheim
Redaktion: Wilfried P. Delißen / Manfred Rockel
Umschlagentwurf und Layout: Frauenheim + Bartsch, Nordhorn
Druck: A. Hellendoorn KG, Bad Bentheim
2. Auflage, Nordhorn 1993
ISBN: 3-922303-07-2

Die Herausgabe dieser Schrift erfolgte mit finanzieller Unterstützung der VR Stiftung Volksbanken Raiffeisenbanken über die Volksbanken im Kreis Grafschaft Bentheim, der Emsländischen Landschaft und des Landkreises Grafschaft Bentheim.

CIP-Titelaufnahme der Deutschen Bibliothek
Hella Wertheim / Manfred Rockel:
Immer alles geduldig getragen:
Als Mädchen in Theresienstadt, Auschwitz
und Lenzing, seit 1945 in der Grafschaft Bentheim.
Hrsg. vom Museumverein für die
Grafschaft Bentheim. – 1. Aufl. –
Nordhorn: Hellendoorn, 1992
ISBN 3-922303-07-2

Vorwort

Die Geschehnisse des nationalsozialistischen Terrors in Deutschland und Europa dürfen nicht vergessen werden. Diesem Vergessen soll Gedenk- und Trauerarbeit entgegenwirken. Die Erinnerungen von Zeitzeugen sind ein wesentlicher Aspekt der Gedenkarbeit, und durch die örtlichen Bezüge wird die nationale Geschichte zur Heimatgeschichte. Durch die Darstellung der eigenen Lebensbezüge erhält die Geschichte ihre bildende Kraft, und über das stumme Gedenken an Schrifttafeln hinaus gewinnt die Trauerarbeit in Erinnerungen und Erfahrungen von Überlebenden neue Perspektiven – wir alle werden zum Nachdenken provoziert.

Deshalb hat sich der Museumverein für die Grafschaft Bentheim auch der Aufgabe gestellt, »Immer alles geduldig getragen« herauszugeben. Ich bedanke mich bei den Autoren Hella Wertheim und Manfred Rockel sowie bei der Stiftung der Raiffeisen- und Volksbanken, der Emsländischen Landschaft und dem Landkreis Grafschaft Bentheim, die durch ihre finanzielle Unterstützung wesentlichen Anteil am Gelingen des Projektes hatten.

Wilfried P. Delißen
Präsident des Museumvereins
für die Grafschaft Bentheim

INHALT

Zuerst trug ich den gelben Stern –
Kindheit in Insterburg und Königsberg

Es war der 20. August 1942, als ich mit meinen Eltern vom ostpreußischen Insterburg zur Sammelstelle nach Tilsit geführt wurde, von wo aus wir mit Hunderten weiterer jüdischer Familien nach Theresienstadt abtransportiert werden sollten. Ich war vierzehn Jahre alt, ein blondes Mädchen, das so gar nicht dem Bild entsprach, das die Nazis von den Juden verbreiteten. Zu der Sammelstelle wurden wir in Dreierreihen über die Straße vom Bahnhof geführt. Zwei ältere Herren gingen gerade die Straße entlang, und ich hörte einen der beiden sagen: »Das ist ja furchtbar, die Menschen so zu behandeln!« Einer unserer Bewacher, ein junger Kerl, ging zu dem Mann und bemerkte: »Was haben Sie da gesagt?« Dann versetzte er dem alten Mann einen Faustschlag, daß er rückwärts aufs Pflaster fiel und liegenblieb. Ich konnte nicht hinschauen, so bewegt hat mich das, ich war ja noch so jung – und ich wußte nicht, was mich noch erwarten würde.

Seit 1933 war es meinen Eltern und mir in unserer Stadt Insterburg immer schwerer ergangen. Mein Vater arbeitete als Versicherungsvertreter, und nach und nach entzogen ihm alle Versicherungen die Lizenz, so daß wir schließlich nur von wenig Erspartem lebten. In den meisten Geschäften bekamen wir auch sowieso nichts mehr zu kaufen. Zunächst stand an vielen Geschäften das Schild »Juden unerwünscht«, und zuletzt konnten wir nur noch in ein oder zwei Läden überhaupt etwas bekommen.

An einem Tag im Jahre 1937 kam ein Kriminalbeamter zu uns und brachte uns neue Kennkarten: »Hella Traute Sara Sass« stand nun darin als mein Name. Dieser Beamte in Zivil verhielt sich dabei vergleichsweise freundlich uns gegenüber. Er sagte, es ließe sich eben nicht ändern.

Unsere schöne Stadtwohnung in der Obermühlenstraße, die etwa 1935 in Schlageterstraße umbenannt worden war, mußten wir verlassen, stattdessen mußten wir in eine kleine Wohnung im selben Hause der Nummer 14 umziehen. Vor unserer Deportation mußten wir noch zweimal die Unterkunft wechseln, denn 1939 wies man meine Eltern in das Haus des jüdischen Textilhändlers Simon in der Hindenburgstraße 9 ein, wo mit uns einige jüdische Familien je ein Zimmer bewohnten, und schließlich landeten wir gegen Ende 1941 noch in einem Verschlag in der Schloßstraße 14 im Altstadtviertel.

Ich erinnere mich, wie ich schon als Kind in den ersten Klassen der Volksschule als jüdisches Mädchen benachteiligt oder schikaniert wurde. Mein Klassenlehrer kam jeden Tag in seiner braunen Uniform zur Schule, aber der war nett zu mir, hat mich nicht hintenangestellt oder übervorteilt, vielleicht war er mehr ein Mitläufer. Dagegen hatten wir einen Naturkundelehrer, der zwar in Zivil auftrat, aber bei dem ich immer froh war, wenn die Stunde vorbei war. Der nahm

Editorischer Hinweis

Aufbau des Buches

Der Aufbau des Buches ist so gestaltet, daß sich die Darstellung »Immer alles geduldig getragen« durchweg auf rechten, ungeraden Seiten findet.
Veranschaulichende Bilder und erläuternde, vertiefende Artikel (»Stichwort«) sind im folgenden (jeweils parallel zu den Themen der Darstellung) auf den linken, geraden Seiten eingeordnet.

Entstehung

Der Darstellung »Immer alles geduldig getragen« liegen umfangreiche Interviews zugrunde, die von Manfred Rockel mit Hella Wertheim im Laufe der Jahre 1989 und 1990 geführt wurden. Die Gespräche wurden im Hinblick auf eine Publikation im Einverständnis mit Hella Wertheim aufgenommen und aufgezeichnet. Die durch Manfred Rockel erstellte zusammenhängende Fassung wurde von Hella Wertheim sorgfältig und abschließend durchgesehen und gebilligt.
Die ergänzenden historischen Einordnungen wurden von Manfred Rockel vorgenommen, ohne daß diese Hella Wertheim vor oder während der Gespräche bekannt waren. Das heißt, daß die auf persönlicher Erinnerung beruhende Darstellung Hella Wertheims davon unbeeinflußt war.

mich ran oder ließ mich links liegen, fuhr mir über den Mund oder beleidigte mich, ein richtiger Lump, während der Klassenlehrer trotz seiner braunen Uniform mir gegenüber nicht so gemein war.

Unsere Familie bekannte sich zum Judentum. Meine Mutter nahm es noch ziemlich streng. Sie stammte aus dem Memelland, ist mit Deutsch, Litauisch und etwas Jiddisch aufgewachsen und war auch dem Ostjudentum etwas verbunden. Das merkte man zum Beispiel in der Küche. Sie war eine gute Köchin, backte auch gut, und die Speisen wurden deftig zubereitet. Aber sie hielt Milchiges und Fleischiges auseinander. Sie konnte man noch als fromm bezeichnen. Zu Pessach holten wir immer unser besonderes Rosenthalgeschirr vom Boden. Es gab für dieses Fest eine besondere Kaffeemühle, und auch die Milch mußte getrennt geholt werden. Das alles war schon aufregend und schön für mich als Kind, so wurde dem Fest doch eine besondere Note gegeben. Während meine Mutter die Regeln noch ziemlich streng beachtete, nahm es mein Vater nicht so genau damit. Er aß auch gern einmal Schinken. Dann durfte er allerdings nicht das Geschirr benutzen, sondern mußte vom Papier essen. Manchmal aß er auch heimlich.

Aber natürlch ging mein Vater zur Synagoge. Wir jüdischen Kinder in Insterburg gingen jeden Sabbat zum Rabbiner in die Synagoge. Eine Stunde lang saßen wir mit dem Rabbiner in einem Clubzimmer zusammen, wo er uns Religionsunterricht erteilte und wo wir beteten und Lieder sangen. Der Rabbiner gab sich auch viel Mühe, uns Hebräisch beizubringen.

Ich kann heute gar nicht sagen, ob mir dieses jüdische Rüstzeug in der folgenden Leidenszeit wirklich geholfen hat. In den Lagern wurde meine Beziehung zu Gott jedenfalls nicht enger, sondern eher distanzierter. Ich wurde nicht religiöser, im Gegenteil, ich zweifelte sehr. Auf die Frage, wie Gott das zulassen konnte, fand ich für mich keine befriedigende Antwort. Mein lieber Mann, den ich erst nach dem Kriege kennenlernte und der die Lagerzeit ebenfalls überlebt hatte, reagierte sein Leben lang bei dieser Frage verbittert. Noch kurz vor seinem Tode sagte er: »Jude zu sein, heißt leiden zu müssen. Woran soll man noch glauben? Wie konnte Gott so etwas zulassen?« Aber natürlich hatte er wie ich auch sein Judentum niemals aufgegeben. Ich selbst schwor in meiner Lagerzeit in Theresienstadt: »Wenn ich hier wieder lebend herauskomme, will ich die jüdischen Feste einhalten.« Ich versuche, dies zu erfüllen. Dieser Gedanke verlieh mir Hoffnung, aber Trost suchte ich bei Gott in den schlimmsten Stunden der Lagerzeit nicht.

Ich wurde in mein Judentum hineingeboren, und auch die schweren Erlebnisse der Lagerzeit, die noch zu schildern sind, haben mich nicht nur geprägt, sondern auch auf andere Weise mein Band zum Judentum verdichtet. Ich bin heute keine orthodoxe Jüdin, halte es mit den Gebräuchen auf meine Art und bezeichne mich selbst als sehr liberal. Dennoch hänge ich gerade wegen meiner Lagerzeit am Judentum, weil ich spüre, daß es mich doch speist. Als ob es mir auch jetzt in der schweren Zeit seit dem Tode meines Mannes im Jahre 1987 eine gewisse Kraft zum Weiterleben gibt.

Stichwort: Juden in Ostpreußen und ihre Deportation

Über die Geschichte der Juden in Ostpreußen für die Zeit des Nationalsozialismus gibt es bisher keine zusammenhängenden wissenschaftlichen Veröffentlichungen. Der Wuppertaler Historiker Horst Leiber arbeitet gegenwärtig in Zusammenarbeit mit dem Historischen Seminar der Universität Wuppertal an einer ersten Gesamtdarstellung über die jüdischen Gemeinden Ostpreußens. Darin wird u.a. aufgezeigt werden, daß nach Königsberg Insterburg ein bedeutendes Zentrum des ostpreußischen Judentums darstellte. Insgesamt lebten in Ostpreußen im Jahr 1925 wahrscheinlich etwa 10 200 Juden.

Der erste Jude in Insterburg, David Lippmann Eloesser, siedelte sich 1834 an. Im Jahre 1865 wurde die Synagoge eingeweiht. In Insterburg wurde 1880 der »Verband der ostpreußischen Synagogengemeinden« gegründet. Die Größe der Insterburger Kreis-Synagogen-Gemeinde hatte in diesem Jahrhundert im Jahre 1925 die Höchstzahl mit 338 Mitgliedern erreicht.[1]

Sofern sich die ostpreußischen Juden durch Emigration nicht dem Zugriff der Nationalsozialisten entziehen konnten, wurden sie in zwei großen Transporten deportiert. Der erste Transport, für den Hella zugeteilt war, aber dem sie entgehen konnte, führte am 24. Juni 1942 mit etwa 465 Juden von Königsberg nach Minsk.

Die Transporte, die zwischen Mai und September 1942 nach Minsk führten, wurden nicht in das dortige Zwangsghetto gebracht. Vielmehr wurden die Juden direkt zu ausgehobenen Gruben in der Nähe von Minsk geführt und dort von Einsatzkommandos der Waffen-SS erschossen. In dem bezeichnenden Rechenschaftsbericht des Unterscharführers Arlt, der den II. Zug des SS-Bataillons leitete, heißt es u.a. dazu:

> »(Bericht aus Minsk vom 17. Mai 1942)
>
> … Am 11. Mai traf ein Transport mit Juden (1000 Stück) aus Wien in Minsk ein und wurden gleich vom Bahnhof zur obengenannten Grube geschafft. Dazu war der Zug direkt an der Grube eingesetzt…
>
> (Bericht aus Minsk vom 18. Juni 1942)
>
> … Am 21. Mai Waffenreinigen und Sachen instandsetzen.
>
> Am 26. Mai traf ein Transport mit 1000 Juden aus dem Reich in Minsk ein und wurde gleich zu der oben erwähnten Grube gebracht …
>
> (Bericht aus Minsk vom 3. August 1942)
>
> Die Arbeit der restlichen Männer hier in Minsk bleibt nach wie vor ziemlich dieselbe. Die Judentransporte trafen in regelmäßigen Abständen in Minsk ein und wurden von uns betreut ‹sic›. So beschäftigten wir uns bereits am 18. und 19. Juni 1942 wieder mit dem Ausheben von Gruben im Siedlungsgelände… Am 26. Juni traf der erwartete Judentransport aus dem Reich ein…«[2]

Später wurden im Jahre 1942 in das Lager Trostinetz bei Minsk etwa 39 000 Juden aus Mitteleuropa und wahrscheinlich auch aus der Sowjetunion deportiert. Fast alle Ankommenden – in dem Lager selbst sollen sich neben russischen Kriegsgefangenen nie mehr als 640 zumeist Wiener Juden befunden haben – wurden in Gaswagen ermordet und dann verscharrt. 1943 mußten russische Kriegsgefangene die Massengräber öffnen, und die Leichen wurden verbrannt.[3]

---

1) *Diese Angaben sind freundlicherweise von Horst Leiber zur Verfügung gestellt worden.*
2) *Zitiert nach Hans Günther Adler: Der verwaltete Mensch, Studien zur Deportation der Juden aus Deutschland, Tübingen 1974, S. 195 f; vgl. für die weiteren Angaben S. 441.*
3) *Vgl. ebenda, S. 198.*

Ein halbes Jahr nachdem ich 1938 auf die Mittelschule gewechselt war, mußte ich sie nach der sogenannten »Reichskristallnacht« auch schon wieder verlassen. In der Nacht waren wir verhaftet und am Morgen Mutter und ich wieder freigelassen worden, während sie meinen sechzigjährigen Vater acht Tage im Gefängnis behielten. Ich hatte zu dem SS-Mann auf der Wache gesagt: »Ich muß doch zur Schule«, und der hatte geantwortet: »Da kommst du noch zeitig genug hin.« Ich kam auch morgens zur Mittelschule, die gegenüber der Synagoge lag. Die Synagoge brannte, SA-Leute liefen mit den Thorarollen im Arm umher, aber die Feuerwehr war dabei zu löschen. Direkt neben der Synagoge stand das Haus eines Fotografen, und ich nehme an, daß man befürchtete, daß auch dieses Haus abbrennen könnte.

In der Schule ließ uns der Direktor kommen, mich und nur noch ein anderes jüdisches Mädchen, denn eine Reihe früherer Schulkameraden war inzwischen mit den Eltern emigriert. Der Direktor sagte uns, daß wir nach Hause gehen müßten und am nächsten Tag nicht mehr in die Schule kommen dürften.

Ich wurde dann zu einem älteren Fräulein geschickt, wahrscheinlich eine ehemalige Lehrerin, die uns etwas Wissen beibrachte. Sie erzählte uns vom Altertum, zum Beispiel von den »Hängenden Gärten der Semiramis«, aber es war nichts Halbes und nichts Ganzes. Es gab zu dieser Zeit zwei jüdische Schulen in Ostpreußen, in Tilsit und in Königsberg, auf die nun die abgewiesenen Kinder verteilt wurden. Wir hatten Verwandte in Königsberg, zwei ältere Damen, beide Cousinen meiner Mutter, die mich aber nicht aufnehmen konnten, sondern mich zu der jungen Witwe Charlotte Jacobus in Pension gaben. Diese Witwe, eine dunkelhaarige, hübsche Frau, hatte in der »Kristallnacht« durch die Nationalsozialisten ihren Mann verloren, die genauen Umstände erfuhr ich nicht. Die junge Witwe, mit der ich mich gut verstand, wollte nun jemanden um sich haben, und so nahm sie mich auf, und ich konnte nun in Königsberg wieder zur Schule gehen.

Der heute in Stuttgart lebende bekannte Musiker Michael Wieck war damals mein Klassenkamerad. Durch sein 1988 erschienenes Buch »Zeugnis vom Untergang Königsbergs – ein ›Geltungsjude‹ berichtet«, in dem er auch ein wenig über mich erzählt, konnte ich nach über 50 Jahren wieder Kontakt zu ihm aufnehmen. Ich war sehr dankbar, von ihm eingeladen zu werden und ihm im Kreise seiner reizenden Familie wiederbegegnen zu können. Bei Michael Wiecks Darstellung in dem Buch werde ich – natürlich unter meinem Mädchennamen Hella Sass – als seine heimliche Liebe beschrieben, die ich mit einer Ohrfeige beendete, nachdem er meine langen Zöpfe auf der Schulbank heimlich mit Reißzwecken befestigt hatte. Gerade in dieser Episode hat er mich allerdings mit einer Klassenkameradin verwechselt.

Vor unserer Deportation waren wir noch gezwungen worden, den Stern zu tragen, um für alle kenntlich gemacht zu sein. Ich erinnere mich noch daran, wie ich ihn mir nach dem 19. September 1941 auf die Kleidung nähte. Als uns andere Bekannte kaum noch grüßten, hielt noch eine

Der zweite Transport ostpreußischer Juden, in dem sich Hella Sass mit ihren Eltern befand, fuhr von Tilsit ab. In der Reichsbahnliste der »Sonderzüge für Umsiedler, Erntehelfer und Juden in der Zeit vom 8. August bis 30. Oktober 1942«[4] ist der Transport für den 25. August 1942 vorgesehen. Dieser Transport mit der Nummer XIV brachte etwa 800 ostpreußische und auch vorpommersche Juden nach Theresienstadt, wo die Ankunft des Transportes für den 27. August 1942 registriert ist.[5]

Aus den Quellen des »Jüdischen Museums in Prag«, das einen Teil der Theresienstädter Dokumente aufbewahrt, geht hervor, daß die Familie Sass in dem Transport XIV/1 unter den Nummern 677 (Artur Sass), 678 (Ida Sass) und 679 (Hella Sass) deportiert wurde. Von den 763 Personen des Transportes aus Ostpreußen überlebten 78 Personen die Lager der NS-Zeit.[6]

Stichwort: Emigration deutscher Juden nach 1933

Vor dem Machtwechsel des 30. Januar 1933 lebten im Deutschen Reich rund 537 000 Glaubensjuden. Die antisemitische Politik des NS-Staates, die die verbleibenden Juden zunehmend diskriminierte, entrechtete, ihrer Existenz beraubte und sie schließlich verfolgte und ermordete, trieb ab 1933 etwa 280- bis 330 000 von ihnen in über 80 Länder der ganzen Welt (s. Statistiken unten). Dabei ist der Auswanderungsprozeß, der besser als Flucht zu bezeichnen ist, durch eine Reihe unterschiedlicher Aspekte in bezug auf Intensität, Intention, Personengruppen, Verhalten der deutschen Regierung, Verhalten der aufnehmenden Länder etc. charakterisiert.

Betroffen von den Berufsverboten der Nationalsozialisten, emigrierte bereits 1933 ein Großteil der jüdischen Intelligenz, vornehmlich in die USA. Die deutsche Kultur und Wissenschaft erlitt durch den Weggang bedeutender Naturwissenschaftler, Philosophen, Geisteswissenschaftler, Literaten und Schriftsteller, Künstler und Regisseure bei Theater und Film, Maler, Musiker, Komponisten und Dirigenten einen auch nach 1945 kaum zu ersetzenden Verlust.

Die Gründe dafür, daß viele Juden Deutschland bis 1938 nicht verließen, liegen in dem individuell unterschiedlich gewichteten Zusammenwirken der Faktoren

- Verbundenheit mit Deutschland,
- Unterschätzung der nationalsozialistischen Gefahr,
- (wechselhafte) Haltung der NS-Regierung, der Organisationen und Ämter,
- Wirtschaftsprobleme der Auswanderung in Verbindung mit einer
- insgesamt restriktiven Judenpolitik des Auslands.

Den Auswanderungsschüben der Jahre 1933 und (nach den »Nürnberger Rassegesetzen«) 1935 folgte jeweils eine gewisse Reduzierung der Zahlen, da sich viele in dieser Zeit der Illusion einer Beruhigung in dem von den Nationalsozialisten abgesteckten Rahmen hingaben. Seit der Verschärfung der Lage und zunehmender Gefährdung der zurückgebliebenen Juden ab Juni 1938 mit dem Tiefpunkt der Pogrom-

---

4) *Vgl. ebenda, S. 442.*
5) *Verzeichnis der ankommenden Transporte im Anhang bei Käthe Starke: Der Führer schenkt den Juden eine Stadt. Bilder – Impressionen – Reportagen – Dokumente, Berlin 1975, S. 248 ff.*
6) *Anita Frankova vom Jüdischen Museum Prag in einem Brief an Hella Wertheim vom 17. August 1992.*

gute Frau zu uns. So wurde ich, weil ich nicht so bekannt war und als blondes Mädchen auch nicht so auffiel, manchmal zu ihr geschickt, um etwas Nahrung zu holen. Die Angst saß mir im Nacken, wenn ich mich auf dem weiten Fußweg zu der Frau befand und dabei meinen Stern verdeckt hielt. Sie hatte einen großen Garten und gab uns manchmal Salat, Mangold oder anderes Gemüse.

Im Juni 1942 ging der erste geschlossene Transport ostpreußischer Juden nach Minsk. Ich war auch für diesen Transport vorgesehen, aber ich habe es meiner beherzten Pensionsmutter zu verdanken, daß ich von diesem Transport verschont blieb. Die hatte nämlich so viel Mut, mit mir zur Gestapo zu gehen und dem Mann zu erklären, daß ich nicht ihre Tochter wäre und daß, wenn ich wegkäme, dies doch besser zusammen mit meinen Eltern in Insterburg geschehen sollte. Der Gestapomann stimmte zu und füllte mir sogar eine Sondergenehmigung aus, daß ich mit dem Zug von Königsberg nach Insterburg zurückfahren konnte, was uns Juden sonst nicht mehr erlaubt war. So setzte mich dann die junge Witwe in den Zug, und ich verlebte die letzten zwei Monate vor unserer Deportation nach Theresienstadt noch bei meinen Eltern in Insterburg.

Eine Emigration hat meine Familie natürlich auch öfters erwogen, zumal einige uns bekannte jüdische Familien auf unterschiedlichen Wegen Deutschland verlassen konnten. Mein Vater meinte, unser Familienname Sass, wie er sagte: »SA und SS«, sei schon ein Unglück. Meine Mutter war wegen der schlimmen Entwicklung seit 1933 häufig krank, sie befürchtete sehr früh ein schlimmes Schicksal, während mein Vater hoffte, daß es doch irgendwie weiterging. Es ist ja auch so, daß sich fast niemand vorstellen konnte, was wirklich kommen würde in einem so zivilisierten Land, bei einem so zivilisierten Volk. Wenn meine Mutter von ihren schlimmen Vorahnungen sprach, nahm ihr das damals niemand ab. Die zivilisierten Deutschen würden unmöglich zu Schlimmerem fähig sein können.

Eines Tages kam auch der jüdische Arzt nicht mehr, der meiner Mutter in kritischen Phasen Spritzen gab, wir erfuhren, daß er nach Rhodesien aufgebrochen war.

Wir waren nicht begütert und hatten auch keine Beziehungen. Wir hätten zum Beispiel nicht nach Amerika ausreisen können, weil wir keine Verwandten dort hatten, die uns den Affidavit hätten geben können. Man mußte vor der Ausreisegenehmigung von Verwandten bestätigen lassen, daß die einreisende Familie dem Staat nicht zur Last fallen würde und praktisch von den Verwandten aufgenommen würde. Wir hatten diese Möglichkeit nicht, und an wen sollten wir uns wenden?

Heute weiß ich, daß alles andere besser gewesen wäre, als in Deutschland zu bleiben – mein Vater kam in Theresienstadt um, meine Mutter wurde in Auschwitz von mir getrennt und ins Gas geschickt. Es bedrückt mich aber auch die Haltung vieler Länder damals, von den USA bis hin zur Schweiz, die nach dem Motto »Das Boot ist voll!« sich weigerten, uns Verfolgte und vom Tode Bedrohte aufzunehmen. Es gab Emigranten, die auf Schiffen nach Amerika gebracht wurden, wo

nacht des 9. November bemühten sich fast alle um Zuflucht im Ausland.

Diese Bemühungen scheiterten für viele daran, daß die insgesamt strengen Einwanderungsbeschränkungen vieler Länder bei einer vorübergehenden Lockerung 1938 mit Kriegsbeginn noch einmal angezogen wurden. Der ablehnende Kurs der möglichen Aufnahmeländer hatte wie bei den USA seine Wurzeln in der dortigen Wirtschaftskrise, verbunden mit hoher Arbeitslosigkeit, und spürbaren antisemitischen Strömungen. Konkreter Ausdruck dafür war die von Präsident Roosevelt veranlaßte Konferenz von Evian im Juli 1939 gewesen, auf der nur einzelne Länder sich bereiterklärt hatten, gewisse Aufnahmebedingungen zu erleichtern, während der Großteil der vertretenen Staaten nur die Unmöglichkeit weiterer Aufnahmen demonstriert hatte.

Bis zum Zeitpunkt des 23. Oktober 1941, als von den NS-Behörden auch von deutscher Seite die Auswanderung endgültig verboten war, hatten die betreffenden deutschen NS-Organisationen die Auswanderung zeitweise gefördert, obwohl sie gleichzeitig auf der anderen Seite durch die wirtschaftliche Ruinierung der Juden und andere Maßnahmen oft dafür die Voraussetzung nahmen.[7]

Jüdische Emigration aus Deutschland 1933–1945[8] (Grenzen 1937, Schätzzahlen)

Jüdische Bevölkerung 1933*	525 000	Auswanderung insgesamt	280–330 000**
1933	37 000	1938	40 000
1934	23 000	1939	78 000
1935	21 000	1940	15 000
1936	25 000	1941	8 000
1937	23 000	1942–45	8 500
Sterbe- überschuß	72 000	Jüdische Bevölkerung in Deutschland 1945:	
Ab Oktober 1941 deportiert:	135 000		25 000

* Glaubensjuden einschließlich ausländischer Staatsangehörigkeit; von den Nürnberger Gesetzen als »Nichtarier« betroffen: ca. 870 000.

** Jüdische Emigration nach 1938 aus Österreich 150 000, aus der Tschechoslowakei 33 000; Gesamtzahl der emigrierten deutschsprachigen Juden aus Mitteleuropa: 450–600 000.

Der von Frau Wertheim erwähnte »Affidavit« stellte die Voraussetzung für den Erhalt eines amerikanischen Visums dar. Nur wenn damit (nahe) Verwandte des Antragstellers den Unterhalt des Einwanderers in den USA garantierten und somit ausschlossen, daß er der Wohlfahrt zur Last fallen würde, wurde ein Visum ausgestellt. Aber »hatte ein solches Affidavit den auf die Auswanderung Wartenden in Deutschland erreicht, so ermöglichte dieses keineswegs die sofortige Ausreise nach Amerika. Das Affidavit mußte zunächst bei einem der amerikanischen Konsulate in Deutschland vorgelegt werden. Dann erhielt man eine Nummer auf der Warteliste, die entsprechend den Quoten für das jeweilige Geburtsland des Auswanderers abgerufen wurde. Da diese Quoten nicht dem aus Deutschland – spätestens seit Herbst 1938 – in die Vereinigten Staaten drängenden Flüchtlingsstrom angeglichen

7) *Dieses Stichwort nach Wolfgang Benz (Hrsg.): Die Juden in Deutschland 1933–1945, Leben unter nationalsozialistischer Herrschaft, München 1988, dort insbesondere Juliane Wetzel: Auswanderung aus Deutschland, S. 413 ff.*
8) *Statistiken übernommen von Werner Röder: Emigration aus dem nationalsozialistischen Deutschland, in: Klaus J. Bade (Hrsg.): Deutsche im Ausland – Fremde in Deutschland. Migration in Geschichte und Gegenwart, München 1992, S. 348.*

die Kapitäne vor der Küste einen Unfall inszenierten. Die Schiffbrüchigen mußten dann nach internationalem Recht aufgenommen werden, wenngleich sie dort wie anderswo erst in Internierungslager gesteckt wurden.

Zweimal standen wir damals konkret davor, Deutschland zu verlassen. Ein Experte aus Berlin von der »Reichsvertretung« der deutschen Juden hatte in Insterburg einen Vortrag gehalten und die Möglichkeit vorgetragen, nach Schanghai zu gehen. Ich habe noch das Bild vor mir, wie mein Vater im Sonntagsanzug mit meiner Mutter und mir auf dem Nachhauseweg darüber sprach, denn er hatte uns in die Liste der Ausreisewilligen eingeschrieben. Aber aus unbekannten Gründen, wahrscheinlich wurden wir in dem begrenzten Kontingent nicht berücksichtigt, hat sich das wieder zerschlagen.

Nach dem Krieg erfuhr ich besonders von den Verwandten meines Mannes, daß es auch in Schanghai nicht leicht geworden wäre. Ein Beispiel dafür ist die inzwischen verstorbene Clärchen aus Dortmund, eine Cousine meines Mannes, die vom Tempelhofer Flugplatz in Berlin nach Moskau flog, mit der Transsibirischen Eisenbahn den Osten der Sowjetunion durchquerte und nach Schanghai gelangte, wohin ihr Mann ebenfalls geflohen war. Sie konnten dann nach dem Krieg mit Hilfe des Roten Kreuzes in die USA nach Youngstown in Ohio auswandern. Als Clärchen viel später einmal ihre Verwandten in Dortmund besuchte, kam sie auch zu uns nach Gildehaus, in die Grafschaft Bentheim. Ich werde an passender Stelle berichten, wie es mich nach dem Kriegsende hierher verschlagen hat, wo ich meinen lieben, inzwischen verstorbenen Ehemann Heinz Wertheim fand, der als Jude ebenfalls die Lager überlebt hatte. Clärchen berichtete uns bei ihrem Besuch in Gildehaus, wie schwer es in Schanghai gewesen war, überhaupt das Leben zu fristen, und oft wären sie auch dort bedroht worden. Besser war es Verwandten meines Mannes aus Essen ergangen, die noch rechtzeitig nach Argentinien ausreisen konnten. Die beiden Männer hatten es als Handwerker leichter, Deutschland verlassen zu können, und auch in Argentinien bekamen sie in ihrem Beruf als Maler bald Arbeit. Bei einem Deutschlandbesuch erzählten sie allerdings auch, wie ihre Mutter Jeanette Wertheim, die Witwe von Heinz' Onkel Bernhard, über all den Aufregungen in Argentinien bald gestorben war.

Ich selbst wäre beinahe 1938 mit einem Kindertransport nach England ausgereist. Herren von der Jüdischen Vereinigung in Berlin hatten uns diese Chance vorgestellt, die die englische Regierung für viele jüdische Kinder ermöglicht hatte. Ich war auch schon untersucht worden, aber dann blieb ich doch zurück. Ich nehme an, daß sich meine Eltern nicht von ihrem einzigen Kind trennen konnten.

In der Nachbarschaft in Insterburg hatte ich oft als Kind mit den jüdischen Brüdern Heinz und Ernst Finke gespielt. Der ältere Bruder Heinz ging auf diese Weise nach England. Auch seine Mutter lernte damals schon fleißig Englisch, weil sie hoffte, eines Tages ihrem Sohn mit der Familie nach England folgen zu können. Durch einen glücklichen Zufall konnte ich jetzt nach

Jüdische Emigration aus Deutschland
nach den wichtigsten Aufenthaltsländern1937/41 (Schätzzahlen)[9]

1937		1941	
Palästina	39 000	USA	100 000
USA	26 000	Palästina	55 000
Großbritannien	8 000	Argentinien	40 000
Frankreich	7 000	Großbritannien	32 000
Niederlande	7 000	Deutsch besetztes Westeuropa	
Italien	6 000	und Vichy-Frankreich	25 000*
Belgien	5 000	Brasilien	20 000
		Übriges Lateinamerika	30 000

* Zum Teil Opfer späterer Deportationen nach Osteuropa

wurden, entstanden jahrelange Wartezeiten. Das bedeutete für diejenigen, die nicht bis zur Fälligkeit ihrer Quotennummer Zuflucht in einem anderen Land gefunden hatten, den sicheren Tod«.[10]

Der auf den ersten Blick seltsam erscheinende Plan der Eltern von Hella, nach Schanghai zu emigrieren, wie es Heinz Wertheims Cousine auch tatsächlich gelang, steht in folgendem historischen Zusammenhang:

Bis 1938 hatten nur wenige Juden die damals internationale Zone von Schanghai als Zufluchtsort gewählt. Zu den dort bereits ansässigen Gruppen sephardischer und aschkenasischer (osteuropäischer) Juden stießen nun seit 1938 verstärkt Juden aus Mitteleuropa. Bis zum Dezember 1941 war Schanghai »der einzige Ort auf der Welt ohne Einwanderungsbeschränkungen ... mit oder ohne Paß.«[11] Auch als der Weg über die Sowjetunion mit der Transsibirischen Eisenbahn und über den japanischen Hafen Kobe verschlossen war, weil zunächst kein deutsches Geld mehr angenommen wurde und dann mit dem deutsch-sowjetischen Krieg der Weg endgültig versperrt war, gelangten bis 1941 über 25 000 Flüchtlinge aus Deutschland, Österreich, der Tschechoslowakei und Ungarn nach Schanghai. Die Schwierigkeiten für die Juden dort verstärkten sich besonders, als unter dem Einfluß der Deutschen die japanischen Besatzer »zunehmend eine feindselige Haltung«[12] einnahmen.

Stichwort: Jüdische Kinder nach England

Fast 10 000 jüdische Kinder durften 1938 ohne ihre Eltern nach England einreisen und entgingen auf diese Weise der Ermordung durch die Nationalsozialisten. Während andere Länder zu diesem Zeitpunkt die Grenzen geschlossen hielten, war in Großbritannien die Stimmung nach der Pogromnacht des 9. November 1938 zugunsten einer Aufnahme deutscher Juden umgeschlagen. Bedrängt von allen Parteien und den Kirchen, erklärte die britische Regierung Chamberlain am 21. November

9) Statistik übernommen von Werner Röder, ebenda.
10) Juliane Wetzel, in Benz, Juden in Deutschland, wie Anmerkung 7, S. 486.
11) Ebenda, S. 495.
12) Ebenda, S. 496.

über fünfzig Jahren auch wieder Kontakt zu Heinz Finke aufnehmen. In London veranstaltete man ein Treffen der jüdischen Kinder, die vor dem Kriege im Rahmen dieser Aktion nach England ausgereist waren. In der Jüdischen Zeitung stand ein Aufruf zu dieser »Reunion«, und dadurch gelangte ich in Kontakt mit den Veranstaltern, die mich um Auskünfte nach den Finkes baten. Ich antwortete und bekam schließlich von Heinz Finke einen Brief, in dem er nicht nur von seinem Schicksal berichtete, sondern mir eine weitere große Freude machte: Er schrieb nämlich, daß er noch zwei kleine Fotos mit mir darauf aufbewahrt hätte, und inzwischen hat er mir Kopien davon zugeschickt. Bei meiner Befreiung besaß ich ja nichts mehr an persönlichen Dingen. Ich hatte auch keine Möglichkeiten, an irgendetwas aus meiner Insterburger Kindheit heranzukommen. Nach dem Krieg habe ich ein einziges Foto von meiner Mutter und mir als einjährigem Kind wiederbekommen, das sie einer Tante in Danzig geschickt hatte.

Heinz Finkes Hoffnung, seine Familie nach 1945 wiederzufinden, erfüllte sich nicht.

Unser Silber hatten wir schon einige Zeit vor unserer Deportation in Gumbinnen abliefern müssen. Sicher hatten wir einige Wertstücke auch Nachbarn zum Verstecken gegeben. Wir nahmen auf unseren Transport nach Theresienstadt nur Rucksäcke mit ein paar Kleidungsstücken und Proviant mit. In einer länglichen Reisetasche in der Art eines Hebammenkoffers verstauten wir die Lebensmittel. Meine Mutter hatte noch einen Mohnstriezel gebacken, eine ostpreußische Spezialität. Die Tasche war schwer, wir wußten ja nicht, wie lange man unterwegs wäre und wohin man kommen würde. Und obwohl es Sommer war, hatten wir uns dreifach angezogen.

Heute weiß ich, daß es einen besonderen Grund gab, warum unsere Familie nicht direkt in ein Lager in den Osten deportiert wurde. Mein Vater hatte als Kriegsteilnehmer des Ersten Weltkrieges das Verwundetenkreuz erhalten. Theresienstadt war unter anderem für diese Juden und ihre Familien als Lager vorgesehen.

Ich war erst vierzehn Jahre alt, als wir nach Theresienstadt abfuhren. In Tilsit übernachteten wir ein- oder zweimal mit vielen anderen im Saal der Sammelstelle in der Nähe des Bahnhofs. Wahrscheinlich am Morgen des 22. August 1942, es war der Beginn eines schönen Sommertages, wurden wir, mit unseren Rucksäcken bepackt, in den bewachten, aber noch normalen Personenzug gesetzt. In meiner Erinnerung hatte der Transport die Nummer XIV. Über dem Stern war auf meinem Hemd diese Transportnummer wie auch auf unseren Gepäckstücken angebracht.

Der Zug fuhr an den masurischen Seen vorbei. Ich war noch nie dort gewesen. So empfand ich als Kind ein wunderschönes Gefühl, als der Mond über den dunklen Wäldern und der See stand. Ich lief von einem Abteilfenster zum andern, um das alles aufzunehmen.

Später sahen wir aus dem Fenster, wie weiße Ausflugsdampfer auf der Elbe schwammen, ich sehe auch noch die Silhouette von Dresden vor mir. Es ging weiter nach Aussig, wo der Zug sehr lange

1938, daß sie ab sofort und unbürokratisch bereit sei, jüdische Kinder aus Deutschland aufzunehmen.

Bis Kriegsbeginn konnten so jüdische Eltern ihre Kinder in Listen bei den jüdischen Organisationen unter der Voraussetzung eintragen lassen, daß sie sich von den Kindern trennten und sie in Pflegefamilien oder zu Adoptionseltern lassen wollten.

Die Transporte mit jeweils rund 500 Kindern gingen in zum Teil versiegelten Zügen von vielen Großstädten ab. Über Holland kamen die Kinder auf die Insel, wo Dovercourt Camp Durchgangsstation auf dem Weg in die neuen Familien oder Kinderheime wurde. Einige Hundert dieser Kinder, die inzwischen über die ganze Welt verstreut leben, trafen sich 1989, nach fünfzig Jahren, in London wieder. Die meisten haben ihre leiblichen Eltern nicht wiedergesehen, einige der Kinder sind noch heute auf der Suche nach dem Schicksal ihrer Eltern.[13]

---

13) *Vgl. Susanne Mayer: I am a Kind, 50 Jahre nach der Flucht, in: DIE ZEIT 31, Hamburg, 28. Juli 1989, S. 49f.*

Deportation westfälischer Juden am 13. Dezember 1941 in Bielefeld. Zielort des Zuges war Riga. In dem Zug befanden sich bereits Juden aus Münster, Osnabrück, dem Emsland und der Grafschaft Bentheim, darunter Heinz Wertheim, der spätere Ehemann Hella Wertheims

Foto: Stadtarchiv Bielefeld

hielt. Wir dachten schon, daß die Fahrt dort zu Ende wäre. Es ging dann schließlich noch weiter, hinter Leitmeritz hielt der Zug auf freier Strecke bei Bauschowitz an. Dort mußten wir alle aussteigen, da hieß es dann: »Rucksäcke aufpacken!« Es war immer noch sehr heiß, als wir unter den Augen unserer Bewacher zu Fuß einige Kilometer zurücklegen mußten, bis wir in Theresienstadt ankamen.

Stichwort: Die Deportation der deutschen Juden

Die Juden des damaligen »Großdeutschen Reiches«, die bis 1941 Deutschland nicht hatten verlassen können, wurden in verschiedenen Deportationswellen in Ghettos oder Lager transportiert. Die ersten zwanzig Züge mit annähernd 200000 Menschen fuhren ab dem 16. Oktober 1941 in das Lager Łodz/»Litzmannstadt«. In einer zweiten Aktion sollten im November und Dezember etwa 50000 Juden (auch aus Böhmen und Mähren) nach Riga und Minsk deportiert werden. Diese zweite Aktion wurde dann aufgrund von Schwierigkeiten in veränderter Weise durchgeführt: 7000 Juden wurden Mitte November nach Minsk deportiert (darunter auch Liesel de Jonge, die Verlobte von Heinz Wertheim, dem späteren Ehemann von Hella Wertheim), 25000 Juden ab Mitte November mit dem Ziel Riga abtransportiert (darunter befand sich u.a. Heinz Wertheim). In einer dritten Aktion führten von März bis Juni 1942 mehrere Transporte in Richtung Lublin, danach wurden die noch verbliebenen deutschen Juden nach Theresienstadt oder Auschwitz deportiert.

Die ersten Transporte, wie bei Hellas Familie und bei dem abgebildeten Transport für Juden aus dem Raum Westfalen / Emsland / Osnabrück / Bielefeld nach Riga, wurden noch meistens in verschlossenen Personenzügen mit Wagen der 3. Klasse durchgeführt. Die Deportationen der europäischen Juden in die Vernichtungslager und die Deportationen von Lager zu Lager erfolgten zumeist in Güterwagen, wobei die Verhältnisse (lange Fahr- und Stehzeiten, fehlende oder mangelhafte Versorgung, Enge) häufig zum Tod der Deportierten während der Fahrt führten.[14]

---

14) *Vgl. dazu die ausführliche Darstellung der verwaltungsmäßigen Organisation wie der Transportbedingungen etc. bei Adler, wie Anmerkung 2.*

Im Ghetto Theresienstadt

Nach der Ankunft wurden uns zunächst in der »Schleuse« alle Gepäckstücke abgenommen. Zu dieser Durchgangsstation für ankommende Transporte und später auch abgehende Transporte war zunächst das Zeughaus der alten Festungsstadt, später dann die Hamburger Kaserne eingerichtet worden. Meine Mutter behielt aber ihren Hebammenkoffer mit Lebensmitteln fest in der Hand. Einen Tag später ging dann mein Vater in den Hof des Zeughauses, wo die Gepäckstücke zusammengewürfelt dalagen. Wir hatten ja unsere Rucksäcke mit Schildern versehen, auf denen die Transportnummer XIV und eine weitere Nummer stand. Wir waren froh, daß mein Vater einen Rucksack von uns wiederfand, bei dem wir außen eine Decke miteingerollt hatten. Ich weiß nicht, von wem und warum Teile des Gepäcks in Beschlag genommen wurden, jedenfalls verloren wir gleich das meiste unseres Gepäcks. Als wir in ein »Blockhaus«, so nannte man die kleinen, in Blöcke eingeteilten Zivilhäuser, eingewiesen wurden, schlief mein Vater in dem hinteren Block, während meine Mutter und ich in einem vorderen Bereich dieses Hauses unterkamen. Wir schliefen diese Tage auf dem Fußboden, und die Decken, mit denen wir uns zudecken sollten, nahmen wir als Unterlage, weil es so hart war.

Nach ein oder zwei Tagen wurde ich von meiner Mutter getrennt und ins »Deutsche Kinderheim« gebracht. In Theresienstadt durften Familien nicht zusammenleben, aber an einigen Abenden in der Woche konnte man sich besuchen.

Unsere Kleidung behielten wir an, man durfte in Theresienstadt zivile Kleidung tragen. Aber Theresienstadt war schon bei der Ankunft eine einzige Enttäuschung. Zu dem ersten Eindruck der Enge und der wirren Lebensverhältnisse kommt noch als eins der ersten Bilder in der Erinnerung hinzu, daß ich, als ich durch das Lager ging, in einigen Ecken Berge von verschimmeltem Brot liegen sah. Das war nicht ausgeteilt worden, sondern schon in den Küchen verschimmelt, vielleicht weil das Mehl zu feucht oder der Teig nicht richtig durchgebacken war.

Dabei hatten wir fast immer Hunger, obwohl es mir im Kinderheim noch relativ gut ging. Wir lebten von Suppe und Brot. Es gab verschiedene Küchen für zugeteilte Unterkünfte in den ehemaligen Kasernen oder Zivilhäusern. Bei den Ausgabeplätzen stellte man sich mit seinem Essenszeug an und aß dort oder nahm sich das Essen mit in die Unterkunft. Uns Mädchen und Jungen brachte man das Essen ins Kinderheim, und wir holten es uns vom Boden auf unsere Zimmer. Meistens gab es dünne Kohlsuppen. Mit langem Hals schaute ich, ob der Schöpflöffel ein wenig tiefer ging, ob ein wenig Dickes von unten mit dabei war. Und man war glücklich, wenn etwas mit dabei war.

Was wir bekamen, war wenig, aber machmal konnte man noch etwas dazu organisieren. Die, die in der Küche arbeiteten, hatten mehr. Eine Zeitlang war meine Mutter zum Kartoffelschälen eingeteilt. Da konnte sie manchmal heimlich ein paar Kartoffeln, wie man sagte, »mitgehen«

Stichwort: Deportationen nach und von Theresienstadt

Da Hellas Vater Artur Sass im Ersten Weltkrieg das »Verwundetenabzeichen« verliehen worden war, wurde er mit seiner Familie entsprechend den Richtlinien für die »Evakuierung«, wie die Nationalsozialisten Deportationen verharmlosend nannten (entsprechend Punkt c), nach Theresienstadt deportiert:

> »… Bei dieser Feststellung ist zu berücksichtigen, daß außer den …‹seinerzeit› unter Punkt 1 bis 6 genannten, von der Evakuierung zurückzustellenden Juden auch a) jüdische Ehegatten einer nicht mehr bestehenden deutsch-jüdischen Mischehe, die … vom Kennzeichnungszwang befreit sind, b) jüdische Mischlinge, die nach § 5 (2) der ersten Verordnung vom Reichsbürgergesetz vom 14. November 1935 … als Juden gelten, sofern diese nicht noch mit einem Juden verheiratet sein sollten, c) Schwerkriegsbeschädigte, Inhaber des Verwundetenabzeichens und Träger hoher Tapferkeitsauszeichnungen (EK I, Goldene Tapferkeitsmedaille usw.) *nicht* nach dem Osten evakuiert werden…«[15]

> Die hier aufgeführten seien »in das Altersghetto Theresienstadt … *zu gegebener Zeit* zu verbringen.«[16]

Weiterhin war auf der Wannsee-Konferenz vom 20. Januar 1942 vorgesehen, deutsche Juden über 65 Jahre und international bekannte jüdische Persönlichkeiten wie Künstler und Wissenschaftler nach Theresienstadt zu deportieren. Zunächst war Theresienstadt (Terezín) als Lager für die tschechischen Juden geplant gewesen.

Zwischen dem 24. November 1941 und dem 20. April 1944 wurden insgesamt 140937 Personen in die Gefangenschaft von Theresienstadt gebracht. Ihrer Herkunft nach kamen die jüdischen Gefangenen aus folgenden Ländern:

CSR	75829
Deutschland (vor 1938)	41935
Österreich	15269
Holland	4894
Polen	1260
Ungarn	1150
Dänemark	476
Luxemburg	310
Frankreich	3
unbestimmt	37[17]

Dabei kam über die Hälfte der Gefangenen aus den fünf Städten Prag (40000), Wien (1500), Berlin (13500), Brünn (9000) und Frankfurt (4000).[18] An Erschöpfung und Krankheit starben 33521 Gefangene in Theresienstadt.[19]

Von Theresienstadt aus wurden 88196 Gefangene in die Lager im Osten deportiert. Wenige von ihnen überlebten, wahrscheinlich bestenfalls 3500 der aus Theresienstadt deportierten Gefangenen.[20]

Ein Transport mit 1200 Personen führte nach Verhandlungen des Internationalen Roten Kreuzes (IKRK) am 5. Februar 1945 in die Freiheit in die Schweiz.[21] In den letzten Kriegsmonaten kamen noch einmal aus anderen Lagern 13500 Gefangene nach Theresienstadt. Von den ursprünglichen Gefangenen erlebten etwa 16800 Personen ihre Befreiung in Theresienstadt im Mai 1945.[22]

---

15) *Richtlinien für die Zurückstellung vom Abtransport in die Lager im Osten vom Mai 1942, zitiert nach Adler, Der verwaltete Mensch, wie Anmerkung 2, S. 197.*
16) *Ebenda.*
17) *Zitiert nach Hans Günther Adler: Theresienstadt 1941–1945. Das Antlitz einer Zwangsgemeinschaft, Tübingen 1960 (2), S. 40 f.*
18) *Ebenda, S. 44.*
19) *Ebenda, S. 45.*
20) *Ebenda, S. 53.*
21) *Ebenda, S. 45.*
22) *Ebenda, S. 48.*

lassen, so daß ich davon etwas abbekam. Einmal ist sie allerdings erwischt und dafür sehr geschlagen worden. Zart besaitet, wie sie war, schleppte sie ihr Schicksal mit sich herum und konnte es nicht verwinden.

Man bekam auch eine Ration Margarine, die man wegen des Gewichts von 10 Gramm »Deccamargarine« nannte. Ich wollte meiner Mutter zu ihrem Geburtstag ein Geschenk machen und sparte an der Margarine. Schließlich hatte ich ein Gläschen Margarine zusammen. Meine Mutter aber wollte das Geschenk nicht annehmen, sie wollte nicht, wie sie es verstand, ihrer Tochter etwas wegnehmen.

Manchmal fanden wir Kartoffelschalen. Entweder kochten wir sie, oder wir hielten sie an den Eisenofen, damit sie ein wenig geröstet waren, damit sie ein wenig braun wurden, so daß wir sie besser essen konnten und der Magen gefüllt wurde. Ich aß auch rohe Kartoffeln.

Es gab auch Privilegierte im Ghetto, die besser versorgt wurden. Und tschechische Juden bekamen öfters Pakete aus ihren Heimatorten. Was war das für ein Jubel, wenn sie den Karton öffneten und sich die sogenannte Einbrenne aus Fett und Mehl darin befand. Damit konnten sie sich sättigende Saucen machen oder die Suppen andicken. Fleisch brauchte man dann nicht, Kartoffeln mit dieser Sauce füllten den Magen. Mit neidvollen Blicken haben wir geschaut, wenn wieder ein Paket geöffnet wurde. Denn außerhalb der Familie wurde verhältnismäßig wenig abgegeben. Wenn die Menschen Hunger haben, ist sich wohl doch jeder selbst der Nächste. Das war im Lager nicht anders. Es hat auch in dieser Hinsicht Edelmut gegeben, ich selbst habe das einmal in meinem letzten Lager in Lenzing erfahren, als mir eine Aufseherin ein Stück Brot zusteckte.

Im Ghetto aßen wir alles, aber es gibt auch eine wunderbare Erinnerung an Dampfnudeln mit Schokoladensauce, die sogenannten Buchteln, die wir gelegentlich im Kinderheim in Theresienstadt bekamen. Ich weiß nicht, wie unsere tschechischen Betreuer im Kinderheim, die ja selbst als Juden Gefangene waren, diese Köstlichkeit für uns organisieren konnten.

Unter uns Mädchen tauschten wir manchmal Rezepte aus und stellten uns vor, wie die Gerichte schmecken würden. Und wir erzählten uns, was wir alles kochen oder essen würden, wenn wir wieder frei wären.

In Theresienstadt hatte ich als Mädchen auch gewisse Vorteile, weil wir in der »Abteilung Landwirtschaft« eingesetzt wurden. Was wir ernteten, bekam natürlich die SS. Aber wenn wir Mädchen unter der Bewachung zumeist tschechischer Hilfspolizei das Tor des Ghettos passierten, um auf den Feldern zu arbeiten, sahen wir natürlich zu, daß auch etwas für uns dabei abfiel. Wenn wir zum Beispiel Raupen von den Kohlköpfen absuchen mußten, ließen wir auch Gemüse im Hemd oder im Schlüpfer verschwinden. Aber dann gab es jedesmal den Gang durch die Sperre, wo Stichproben gemacht wurden, ob man etwas einschmuggeln wollte. Ob ich in der Angst

Bedřich Fritta: Theresienstadt. Fritta, selbst Gefangener in Theresienstadt, hielt die Lagerwirklichkeit in einer Reihe von Zeichnungen fest

besonders zappelig war oder die Kontrolleure einen sechsten Sinn hatten, ich wußte nicht, woran es lag, wenn ich erwischt wurde. Dann war ich meine Beute los, und Schläge bekam ich obendrein. Ging es aber gut, hatte man noch zusätzlich etwas zu essen.

Gelegentlich arbeiteten wir vor Leitmeritz im Mais, schnell nahm man sich einen dieser süßen Kolben und biß hinein. Außerhalb des Lagers mußten wir unter tschechischer Bewachung einmal am Ufer der Eger Kastanien aufsammeln, die von den riesigen Kastanienbäumen entlang des Flusses heruntergefallen waren. Die Kastanien wurden als Viehfutter verwendet.

Die Arbeit in der »Abteilung Landwirtschaft« wurde von uns ansonsten gewöhnlich auf der Bastei der alten Festung verrichtet, wo auf dem Grüngürtel des Festungsrings Gärten für den Gemüseanbau angelegt waren. Wir ernteten für die SS riesige Sellerieknollen. Nachdem die Blätter abgeschnitten waren, wurde der Sellerie in Kartons oder Kisten gepackt und weggeschickt. Auf der Bastei wuchsen auch herrliche Paprikaschoten, die von uns geerntet wurden. Oder wir mußten Flächen mit dem Spaten umgraben. Das war manchmal richtig schwere Arbeit, aber wir waren froh, wenn wir das tun durften.

Hinter dem Hof unseres Kinderheims stand hinter einer hohen Mauer ein Walnußbaum. Es war eine Freude, ihn wachsen zu sehen. Als die Nüsse gereift waren, wurden ein paar Mädchen von uns beauftragt, die Früchte zu sammeln. Leider war ich nicht bei den Auserwählten, und ich beneidete die, die sich von den Walnüssen, die bei uns als ausgesprochene Luxusartikel galten, sicher die eine oder andere beiseite steckten.

Einmal wurde im Lager sogar eine ganze Ladung Ölsardinen ausgegeben. Die »Post«, die bei uns unten im deutschen Kinderheim untergebracht war, diente als Verteilerstelle. Lange Listen lagen dort aus, und jeder konnte dort seine Büchse portugiesischer Ölsardinen in Empfang nehmen, auch meine Mutter und ich, wir bekamen jeweils eine Büchse. Meine Mutter bewahrte ihre Büchse bis zu unserem Transport nach Auschwitz auf.

Es ist merkwürdig, mein Mann und ich haben nach dem Kriege in Erinnerung daran immer gern Ölsardinen gegessen. In Erinnerung an die Episode mit den Walnüssen pflanzten wir zwei Walnußbäume, ich schwärme seit der Zeit in Theresienstadt für Walnußbäume.

In Theresienstadt litt aus unserer Familie besonders mein Vater unter den Hungerrationen. Er war ein Mann von zwei Zentnern, und er war auch ein guter Esser. Meine Mutter hatte in Insterburg immer gut und auch fett gekocht, die Suppe in Theresienstadt war dagegen die reinste Wasserbrühe.

Ich erinnere mich noch an einen Abend, als ich meinen Vater in Theresienstadt bei seiner Essensausgabe traf. Wenn die eigentliche Ausgabe vorüber war und alle Personen etwas bekommen hatten, stellten sich immer noch einige von denen, die nicht satt geworden waren, erneut bei der Essensausgabe an, um noch ein wenig mehr zu erbitten. Auch mein Vater wollte an

Stichwort: Geschichte Theresienstadts

»Theresienstadt wurde als militärische Festung in der zweiten Hälfte des 18. Jahrhunderts unter dem Habsburger Kaiser Josef II. gebaut, wobei er den Namen der Anlage – Theresienstadt – zu Ehren seiner Mutter Maria Theresia auswählte. Die sternförmige Festungsanlage (Große Festung) mit ihren Schanzen und Wällen, durch den Wasserlauf der Eger zusätzlich geschützt, wurde nie belagert und somit nie zerstört. Aber so, wie mittelalterliche Stadtmauern irgendwann keine schützende Funktion mehr hatten, gaben die Habsburger die militärisch überholte Festung auf und machten ab 1888 eine Garnisonsstadt daraus. Innerhalb des Festungswalles lagen die Kasernen der Garnison und im Zentrum der nur 700 x 500 Meter großen Festungsfläche die zivilen Häuser, die in rechteckig zueinander verlaufenden Straßen angelegt sind.

Die Kleine Festung, ein in unmittelbarer Nähe vorgelagertes, kleineres Festungsbollwerk, diente den Österreichern als Gefängnis für militärische und politische Häftlinge. So war hier der Attentäter Gavrilo Princip eingekerkert, der 1914 in Sarajevo den Anschlag auf den österreichisch-ungarischen Thronfolger Franz Ferdinand verübt hatte.

In der 1918 gegründeten Tschechoslowakei blieb Theresienstadt, das etwa 60 Kilometer nordwestlich von Prag liegt und auf tschechisch Terezín genannt wird, Garnisonsstadt.

Die Nationalsozialisten, die ab März 1939 nach der Zerschlagung der Tschechoslowakei die Herrschaft über das ›Protektorat Böhmen und Mähren‹ und damit auch über Theresienstadt in Händen hielten, nutzten die vorgefundenen Anlagen in ihrem Sinne:

Die Gestapo errichtete ab 1940 in der Kleinen Festung ein Gefängnis für Gegner des Systems, das man eher als Konzentrationslager bezeichnen kann.

In der Garnisonsstadt, der Großen Festung, wurden die Kasernen ab November 1941 für die Unterbringung von Juden aus dem ›Protektorat‹ benutzt, im Laufe des Jahres 1942 wurde die ganze Stadt von Tschechen zwangsgeräumt, und das sogenannte Ghetto Theresienstadt entstand, das bedingt einer jüdischen Selbstverwaltung unterstellt wurde. Nun wurden auch Transporte u.a. deutscher, österreichischer, holländischer und dänischer Juden hierhergeführt.

Die Bedingungen für die Juden hier änderten sich je nach Belegungszahl, Versorgungslage, Bestimmung der Funktion durch die Nationalsozialisten usw. ständig. Die Verhältnisse waren eindeutig unmenschlich, aber ein Lager, in dem systematisch gemordet wurde, war Theresienstadt nie. Im Jahre 1944 wurde es zu einem Vorzeigelager, um Internationale Kommissionen des Roten Kreuzes täuschen zu können. Der Täuschung der Öffentlichkeit in Deutschland und im Ausland sollte ebenfalls der hier 1944 gedrehte Propagandafilm ›Der Führer schenkt den Juden eine Stadt‹ dienen. Dafür wurde die Stadt langfristig ›verschönert‹, auch wurde ein unzensiertes Kulturleben zugelassen.

Kurz vor Ende des Krieges wurde das Lager dem Roten Kreuz unterstellt; aber es herrschten, weil Tausende von Juden aus den Vernichtungslagern im Osten – vor der heranrückenden Roten Armee ›evakuiert‹ – auch in Theresienstadt landeten, hier unbeschreibliche Zustände, zumal sich unter den Häftlingen Flecktyphus ausbreitete. Als die Rote Armee eintraf, war somit an eine Auflösung des Lagers nicht zu denken, die letzten Befreiten verließen Theresienstadt ein halbes Jahr nach der Befreiung.

Kurz darauf machten die Tschechen Terezín wieder zu einer Garnisonsstadt, tschechische Zivilbevölkerung zog in die Wohnhäuser ein.

diesem Abend einen Nachschlag bekommen, aber alle Behälter waren leer. Er war so traurig, ich konnte ihm nichts geben, wenigstens versuchte ich, ihn zu trösten. Mein Vater wurde bald krank.

Mit Krankheiten hatten viele in Theresienstadt zu kämpfen, eine Seuche jagte die andere. Während meiner Zeit war es zuerst Flecktyphus, dann Scharlach, der richtige Typhus, Gelbsucht und schließlich eine Epidemie mit dem Namen Meningoenzephalitis.

Von der jüdischen Selbstverwaltung des Lagers war ein Gesundheitsdienst eingerichtet worden, in dem jüdische Ärzte und Schwestern unter den dürftigen Verhältnissen versuchten zu helfen. Krankenstationen und Krankenheime wurden eingerichtet. Ich bekam Typhus und lag längere Zeit im Typhusspital, einer Krankenstation am Markt, dem zentralen Stadtplatz der ehemaligen Festungsstadt. Sechs Wochen war ich ohne rechte Besinnung, phantasierte, hatte hohes Fieber. Als ich wieder richtig zu mir kam, ging es mit mir ziemlich schnell wieder bergauf, zumal mir meine Mutter, damit ich noch etwas zusätzliche Nahrung hatte, fast immer etwas zukommen ließ, manchmal sogar Kartoffelreibeplätzchen. Meine Mutter konnte mich in der Isolierstation nicht besuchen. Sie hatte sich in ihrer Verzweiflung an Fritzi Zucker gewandt, die in der Selbstverwaltung für die Kinder zuständig war. Meine Mutter hatte bei ihr etwas zusätzliche Nahrung für mich erbettelt. Später sagte Fritzi Zucker einmal zu mir: »Du hast aber eine liebe Mutter.«

Die tschechischen Ärzte, die ja selbst Gefangene waren, kümmerten sich sehr um uns, besonders die liebe Ärztin Dr. Zenker ist mir in Erinnerung geblieben. Leider wurde Dr. Zenker am Schluß auch nach Auschwitz deportiert.

Bei mir zeigten sich irgendwann kleine rote Tupfer, Roseolen. Als die auftraten, sagte man mir, daß ich es geschafft hätte. Dann durfte ich aufstehen, und bald war ich soweit, daß ich selber etwas für andere auf der Station tun konnte. Außerdem war ich auf diese Weise beschäftigt. Es waren Hilfsdienste für die Ärzte. So lernte ich zum Beispiel, Blutsenkungen zu bestimmen: Ich führte zwei Blutsenkungen durch, A wurde nach einer Stunde und B nach zwei Stunden bestimmt. Die Summe wurde durch zwei geteilt, und dadurch war der Wert der Blutsenkung ermittelt.

Einmal sollte ich dem Arzt etwas aus dem Schrank bringen, da sah ich ein merkwürdiges Insekt: »Hier ist aber ein komisches Tier!« »Ja, ein schönes Tier«, meinte er, »hast du das denn noch nicht gesehen?« Und als ich verneinte, sagte er: »Eine Wanze ist das!« In Theresienstadt gab es viel Ungeziefer. Es kam einfach daher, daß zu viele Leute auf zu engem Raum leben mußten. Ich habe noch nie so viele Läuse gesehen wie in Theresienstadt. Ich hatte auch wie fast jeder Nissen. Man versuchte, das Ungeziefer herauszuzupfen oder chemisch zu bekämpfen, es half wenig. Man sah, wenn man durch die Straßen des Lagers ging, das Ungeziefer auf der Kleidung der Leute umherlaufen.

Die Kleine Festung wurde nun (durch die Vertreibung) Leidensstation von Deutschen in Böhmen. ... Teilweise wurden von der Gewaltherrschaft der Deutschen befreite Juden von den Tschechen nun als Deutsche erneut gedemütigt.«[23]

Stichwort: Ernährung in Theresienstadt

Nach offiziellen Angaben der damaligen deutschen Seite stand den Gefangenen in Theresienstadt im Durchschnitt pro Tag die gleiche Lebensmittelmenge wie im »Protektorat Böhmen und Mähren« zu. Dennoch bestimmte nach dem Thema Deportation das tägliche Brot die Gespräche im Lager. Es wurde auch gehungert, und besonders Alte und Kranke starben infolge oder in Verbindung mit der Unterernährung. Die Versorgungsmängel lagen in verschiedenen Faktoren begründet:

1. Es gab in der Isolation von Theresienstadt für den einzelnen Gefangenen kaum Möglichkeiten, die ihm zugestandene Lebensmittelmenge zu vergrößern, während die Bewohner des »Protektorats« etwas dazukaufen konnten, insbesondere Gemüse und Obst, das im Ghetto kaum zu bekommen war.

2. Die nach Theresienstadt angelieferten Lebensmittel waren häufig minderwertig, z.T. waren sie verdorben, oder sie verdarben durch ungeeignete Lagerhaltung. Das galt besonders für die Kartoffeln. Entweder waren die damit zubereiteten Speisen entsprechend schlecht oder ungenießbar, oder die Menge wurde sehr verringert, weil man die verdorbenen Kartoffeln aussortierte oder die faulen Stellen durch Schälen beseitigte.

3. Die Gefangenen in Theresienstadt waren jeweils in Empfängergruppen eingeteilt, die unterschiedlich große Lebensmittelrationen erhielten. Wenn von der jüdischen Selbstverwaltung des Lagers für einzelne Gruppen mehr als der Durchschnitt angesetzt wurde, fiel gleichzeitig für Nichtarbeiter (im allgemeinen Alte und Kranke) die Kalorienmenge geringer als der Durchschnitt aus.

Bei der Betrachtung der Statistik, die im Jahre 1943 unterschiedliche Zuteilungen an dreizehn Empfängergruppen im Vergleich darstellt, fällt darüber hinaus auf, daß für die große Zahl der Nichtarbeitenden (12 500) und der Arbeitenden (21 900) wesentlich weniger vorgesehen war als für Kinder und Schwerarbeiter. Auffällig hoch erscheinen die Zuteilungen an Gefangene, die als Fleischer, Bäcker, Koch oder sonst in den Versorgungseinrichtungen arbeiteten, und die Zuteilungen an Mitglieder der jüdischen Selbstverwaltung. So erhielt beispielsweise im Verhältnis zu einem normalen Arbeiter ein Koch schon offiziell die knapp vierfache Menge an Kartoffeln und ein Bäcker die knapp dreifache Menge an Brot.

4. Darüber hinaus gab es Manipulationen innerhalb des Lagers, bei denen der Personenkreis von der Wirtschaftsabteilung der jüdischen Selbstverwaltung über die Proviantur und die Bäckereien und Küchen bis hin zur Essensausgabe reichte und bei denen die bereits Geschwächten am härtesten betroffen waren.

Zwei Beispiele: Bei der Essensausgabe der Küchen wurde teilweise ungerecht verteilt, indem die Empfänger die dünne, inhaltslose Brühe bekamen, die Küche aber den Satz des Kessels mit Kartoffeln und Fleisch für sich behielt.

---

23) *Manfred Rockel: Theresienstadt damals – Terezín heute,*
Lingen 1989, S. 5 ff.

Neben den schweren Krankheiten hatte man häufig mit kleineren, doch sehr unangenehmen gesundheitlichen Problemen zu tun. Bei mir war es der ständige Ärger mit den Zähnen. Es gab in Theresienstadt eine provisorische Zahnarztversorgung, die ich häufig aufsuchte. Außerdem litt ich an ständigen Nagelbettentzündungen. Als es mir nach dem Typhus wieder besser ging, kam ich in eine Krankenstation ebenfalls am Markt. In dem Genesungsheim lernte ich meine Freundin Inge Grünebaum kennen, die ebenfalls den Typhus überstanden hatte. Sie war ein Mädchen aus Köln, das zunächst mit ihrer Familie Glück gehabt hatte. Inge war mit ihren Eltern – ihr Vater war Lehrer auf einer jüdischen Schule gewesen – mit einem Transport nach Theresienstadt gekommen, bei dem sie vergleichsweise viel von Zuhause hatten mitnehmen dürfen. Auch hatten sie ihre Koffer wiederbekommen, während ich im Grunde besaß, was ich auf der Haut trug. Inge schenkte mir einmal einen Kittel, und ich war glücklich.

Inge und ich lagen auch später nebeneinander im Stockbett des Kinderheims. Wir waren sehr befreundet, ich dachte auch in der Nachkriegszeit oft an sie, das wäre eine gute Freundin gewesen.

Leider ist wahrscheinlich die ganze Familie in Auschwitz umgekommen. Nachdem Inges Vater schon dorthin deportiert worden war, begleitete ich später auch meine Freundin mit ihrer Mutter zur Hamburger Kaserne, wo ich sie herzlich verabschiedete. Arm in Arm gingen sie spät in die »Schleuse« hinein, von wo auf einem inzwischen gelegten Gleis die Transporte in die Lager im Osten abgingen. Auch die beiden hatten keine Vorstellung, was Auschwitz bedeutete.

Das Rekonvaleszentenheim am Markt lag direkt an der Grenze zur SS, ich blickte von unserem Fenster auf den Zaun, der das Kommandohaus der SS abgrenzte. Den Kommandanten Rahm, einen schlanken, großgewachsenen Mann, den kannte man. Der ging in seinen Stiefeln und in seiner Uniform mit den langgestreckten SS-Runen und dem Totenkopf schon einmal auf der Bastei herum. Wenn wir ihn später sahen, machten wir einen Bogen um ihn. Man hatte immer Angst, daß die Pistole locker saß. Ansonsten hatten wir in Theresienstadt zum Glück wenig mit der SS direkt zu tun.

Nur eine spätere Begebenheit ist in diesem Zusammenhang noch erwähnenswert: An einem Morgen wurde im Lager der Befehl verbreitet, alle Gefangenen von Theresienstadt müßten hinaus. Ein Stück außerhalb des Ghettos mußten wir auf einem Feld zum Appell antreten. Rahm ging dann nur einfach so durch die Reihen, ließ zählen, und schließlich ließ er uns einfach dort stehen. Einen Grund für diese Schikane nannte man uns nicht. Später wurden Gerüchte verbreitet, bei der SS hätte man im betrunkenen Zustand eine Wette abgeschlossen: Der Kommandant Rahm hätte behauptet, er könnte das ganze Ghetto Theresienstadt auf die Beine bringen. Er wollte damit angeben, daß er das ganze Lager auf das Feld bekäme.

Insgesamt war die Zahl der SS-Leute bei der großen Zahl der nach Theresienstadt Deportierten relativ klein. Innerhalb des Ghettos hatte die Jüdische Selbstverwaltung eine eigene Ghettopoli-

Bei denen, die sich nicht selber anstellen konnten, behielten teilweise die Überbringer einen Teil der Portion für sich.

5. Für die Erhaltung der Gesundheit und des Lebens spielt nicht nur die Kalorienmenge eine Rolle, auch die Zusammensetzung (in bezug auf Vitamine, Mineralstoffe, Eiweiß etc.) der Speisen ist von Bedeutung. Für Theresienstadt läßt sich zum Beispiel der dauerhafte Mangel an der lebensnotwendigen Eiweißzufuhr belegen, da kaum Milch oder Milchprodukte ausgegeben wurden und die tatsächliche wöchentliche Fleischration für durchschnittliche Gefangene um 50 Gramm betrug.

> »So erweist sich die Ernährung der meisten Gefangenen als viel schlechter als nach den offiziellen Zahlen, und das auch für die Zeit, da sich die Verhältnisse im Lager durch verbesserte Zuteilungen und den teilweise doch erfolgreichen Kampf gegen Betrüger und Diebe in den eigenen Reihen etwas normalisiert hatten. Man darf auch seit Frühjahr 1943 für den Nichtarbeiter gewiß nicht mehr als 1100 (Kalorien, M.R.), für den Normalarbeiter ohne die ›Zubußen‹ (= Zulagen, M.R.) nicht mehr als 1300 bis 1400 täglich als günstigsten Durchschnittwert annehmen.«[24]

Die Lebensmittel und Speisen wurden in mehreren Großküchen und Bäckereien durch Lagerinsassen zubereitet. Die Empfänger bekamen monatlich von der jüdischen Selbstverwaltung eine »Essen-Karte«, mit der sie sich an der ihnen zugewiesenen Ausgabestelle anstellten. Das Mittagessen wurde zwischen 10.30 und 14.00 Uhr ausgegeben und im allgemeinen direkt an der Ausgabestelle verzehrt. Es gab Suppen, breiartige Gerichte (Grundlage Graupen, Hirse, Kartoffeln, Nudeln), Tunken und auch sogenannte Fleischspeisen. Insgesamt machten Kartoffeln und Brot den Hauptbestandteil der ausgegebenen Nahrung aus, in weit geringerem Maße gehörten auch Mehlspeisen, Margarine, Fleisch, Nährstoffe, Zucker sowie etwas Marmelade dazu. Morgens und abends wurde zumeist jeweils 0,4 Liter Ersatzkaffee ausgegeben.[25]

Stichwort: Ernährung der Kinder und Jugendlichen in Theresienstadt

Am 1. Juli 1943 registrierte man 3200 Kinder in Theresienstadt – darunter fielen auch die Jugendlichen der »Kinderheime«, die zusammen bei der Gesamtzahl der Gefangenen zu dem Zeitpunkt einen Anteil von 8 Prozent ausmachten. Für die Kinder waren bei den allgemein schwierigen Bedingungen etwas höhere Zuteilungen als für Arbeiter festgesetzt, zumal die »Jugendfürsorge« mit einem kleinen Sonderanteil an Nahrungsmitteln bedacht wurde. Die zentrale Kinderküche befand sich im tschechischen Kinderheim. Nach der Einschätzung H.G. Adlers wurde dort »recht gut« gekocht, und das Abendessen fiel dort »reichhaltiger« aus.[26]

Die von Hella Wertheim angesprochenen Pakete waren für die Gefangenen wichtigste Zusatzquelle der Ernährung. Insgesamt wurden die dänischen Juden durch Sendungen des dänischen und schwedischen Roten Kreuzes vergleichsweise am besten

---

24) *Adler, Theresienstadt, wie Anmerkung 17, S. 362f.*
25) *Grundlage der Zusammenfassung sind die ausführlichen Fakten und Zahlenangaben bei Adler, Theresienstadt, ebenda S. 343ff.*
26) *Adler, Theresienstadt, wie Anmerkung 17, S. 357.*

zei eingesetzt, die Ghettowache, die eine uniformähnliche Kleidung mit gelben Streifen auf ihren schwarzen Mützen trug. Zumeist waren es junge, tschechische Gefangene.

Außerdem gab es von der SS eingesetzte, nicht-jüdische tschechische Hilfsaufseher, die im Grunde die Bewachung der Theresienstädter Gefangenen übernahmen. Sie beaufsichtigten nicht nur die Arbeitskolonnen, die Theresienstadt für Arbeiten außerhalb der Stadt zeitweilig verließen, sie patrouillierten auch an der Grenze Theresienstadts, die mit einem Stacheldrahtzaun auf den Mauern der Befestigungsanlage um die Stadt herum gezogen worden war. Die tschechischen Hilfsaufseher, die uns zum Beispiel nach draußen zur Feldarbeit begleiteten, waren für uns manchmal bedrohlicher als die SS in Theresienstadt.

Eine Flucht wurde von meiner Familie in Theresienstadt nicht ernsthaft erwogen, zumal es meinem Vater nicht gut ging. Wir trugen hier noch keine Häftlingskleidung, die draußen sofort aufgefallen wäre. Andererseits wußte man auch nicht, wie sich die nicht gerade deutschfreundliche tschechische Bevölkerung uns gegenüber, die wir deutsch sprachen, verhalten hätte. Es gab Selbstmorde, aber Flucht kam in Theresienstadt kaum vor, sie erschien doch als ein zu großes Wagnis.

Heute erhebt die israelische Jugend der Elterngeneration teilweise den Vorwurf, die Juden hätten sich »wie die Schafe zur Schlachtbank« führen lassen, sie hätten sich abschlachten lassen wie Vieh. Sie fragt auch, warum sie sich nicht zur Wehr gesetzt hätten, was im Grunde nur im Warschauer Ghetto geschehen wäre. Aus unseren heutigen, demokratischen Verhältnissen heraus ist das leicht zu sagen, aber als man in diesen Klauen der Nazis saß, dachte man ans Überleben. Sie wollten alle gern überleben. Und dann wollte man sich nicht gerne von selbst in Schwierigkeiten bringen. Heute sagt man, wir hätten dies oder das tun sollen. Aber Vorwürfe erheben sollte man nicht. Man sollte den Nächsten nicht verurteilen, wenn man nicht wissen kann, wie man selbst in dieser Lage gehandelt hätte. Es sind außergewöhnliche Umstände gewesen, und wenn man länger in dieser Situation gefangengehalten wird, dann wird man ja auch gleichgültig. Man weiß nicht, wie Menschen sich in Ausnahmesituationen verhalten, da können Schwache zu Starken und Starke zu Schwachen werden.

Wir hofften in Theresienstadt einfach, daß der Kelch an uns vorübergehen möge, daß wir überleben würden. Ich war zunächst vollkommen mit dem Gedanken an die Überwindung meiner Krankheit beschäftigt. Weiter, in größeren Zusammenhängen, dachten wir damals nicht, besonders als ich später unter den Mädchen im Kinderheim lebte. Ich war jung, und ich erinnere mich auch, daß ich immer hoffnungsvoll blieb.

Ich befand mich nach meiner Typhuserkrankung weiter auf dem Wege der Besserung, so daß ich mit meiner Freundin wieder in das sogenannte deutsche Kinderheim zurückkehren konnte.

Nach einer gewissen Zeit, als wir schon wieder im Kinderheim waren, mußten wir zur Nachunter-

unterstützt. Die Gefangenen aus dem »Protektorat« bekamen häufiger Pakete, während die österreichischen, deutschen und holländischen Juden selten oder nie Pakete empfangen konnten. Die Pakete bedeuteten nicht nur Freude, es entstanden dadurch auch starke soziale Spannungen im Lager.[27]

Das von Hella Wertheim in ihrer Schilderung angesprochene »verschimmelte« Brot entspricht der Darstellung, die Adler für die Ankunftszeit Hellas gibt. Während normalerweise das in der Zentralbäckerei gebackene Brot geschmacklich und qualitativ relativ gut war, sei es nur im Sommer und Herbst 1942 oft schon vor der Ausgabe verschimmelt gewesen.[28]

Stichwort: Flucht aus Theresienstadt

In den Jahren 1941 bis 1944 konnten 37 Gefangene aus Theresienstadt fliehen. Zwölf wurden wieder festgenommen und ins Lager zurückgebracht. Ob die anderen überleben konnten, ist nicht bekannt.[29]

In allen NS-Lagern stand auf Flucht und Fluchtversuch die Todesstrafe. In Theresienstadt wurden im Jahre 1943 Festgenommene nach Fluchtversuchen mit »Sonderzuweisungen« in ein anderes Konzentrationslager gebracht oder deportiert. Für das ganze Ghetto wurde eine Kollektivstrafe ausgesprochen, unter anderem wurde unter Androhung harter Strafen eine »Ausgangssperre« (für die Straßen innerhalb des Lagers), eine »Lichtsperre« (keine Beleuchtung) und die Einstellung aller kulturellen Veranstaltungen angeordnet. Die Sanktionen bestanden einen Monat.[30]

Die relativ wenigen Fluchtversuche sind für Theresienstadt mit den Hindernissen, sie zu realisieren, wohl auch mit der Furcht vor der Todesstrafe, aber besonders mit der Furcht vor Repressalien für die Angehörigen zu erklären. Auch die jüdische Lagerleitung versuchte bei ihrem Selbstverständnis einer möglichst konfliktfreien Zusammenarbeit mit der SS, Flucht durch administrative Kontrollmaßnahmen zu erschweren bzw. zu verhindern.[31]

Theresienstadt war nie die »Judenstadt«, wie sie später in der Propaganda hingestellt wurde oder wie sie in der Erwartung einiger Juden erschien, die aufgrund falscher Angaben für sogenannte »Heimeinkaufsverträge« ihre letzten Mittel dafür ausgegeben hatten, um überhaupt nach Theresienstadt zu kommen. Vielmehr mußte man bald erkennen, daß das vermeintliche Vorzugsghetto einem abgeschlossenen Lager mit unmenschlichen Bedingungen entsprach. Die Gefängnis- oder Lagersituation wird vor allen Dingen durch die Abgeschlossenheit innerhalb der Festungswälle von Theresienstadt mit der Abgrenzung durch Zäune und patroullierende (tschechische) Wachen und die SS belegt. Die später im Innern zugestandene Bewegungsfreiheit, das Gewähren der »Jüdischen Selbstverwaltung«, die Tolerierung und zuletzt im Rahmen der Propagandamaßnahmen gewährte Förderung von kulturellen Aktivitäten erscheinen mit dem Begriff eines lagerinternen Freiheitsraumes nur sehr begrenzt richtig beschrieben. Tatsächlich unterstand alles funktional der Kontrolle und dem Konzept der SS bzw. der Nationalsozialisten.

---

27) Vgl. ebenda, S. 367.
28) Vgl. ebenda, S. 355.
29) Vgl. Adler, Theresienstadt, wie Anmerkung 17, S. 47 f.
30) Vgl. ebenda, S. 145 f.
31) Vgl. die bei Adler abgedruckte, entsprechende Quelle, ebenda, S. 318 f.

suchung in die Sokolhalle. Dort mußten wir einen Schlauch schlucken, der bis zur Galle geführt wurde. Dann mußten wir uns auf die rechte Seite legen und mehrere Stunden liegenbleiben bis Galle kam. Die wurde dann untersucht. Bei negativem Ergebnis galt man als geheilt, hatte man noch Bazillen in sich, wurde man wieder ins Spital geschickt. Die ganze Untersuchung war sehr unangenehm, aber es blieb einem ja nichts anderes übrig. Ich hatte auch große Angst vor dem Ergebnis, zum Glück durfte ich wieder ins Kinderheim zurück.

In Theresienstadt hatte ich danach noch mit Gelbsucht zu tun, die aber ziemlich glimpflich bei mir verlief. Vor den Abtransporten nach Auschwitz grassierte Meningoenzephalitis als eine der letzten Epidemien im Lager, aber ich war davon zum Glück nicht betroffen. Die Erkrankten lagen in der Sokolhalle, wir besuchten noch kurz vor unserem Abtransport ein Mädchen aus unserem Zimmer, das daran erkrankt war und in diesem weißen Haus ziemlich in der Nähe des Eingangs lag.

Am schlimmsten sah es in den sogenannten Altenheimen in Theresienstadt aus. Ich sah die miserablen Verhältnisse, wenn ich manchmal meine Tante Doris aus Königsberg dort besuchte. Sie konnte sich selbst nicht mehr helfen und ist auch in Theresienstadt gestorben.

Unser deutsches Kinderheim in Theresienstadt wurde allgemein auch nur »L 414« genannt, wie von der SS alle Straßen und Gebäude des Lagers ihre eigene Bezeichnung hatten. Unser Kinderheim lag am Stadtplatz, wenn man davor steht, links von der Kirche. Im Gebäude rechts von der Kirche war das sogenannte tschechische Kinderheim. Hier waren, ebenfalls getrennt von ihren Eltern, tschechische jüdische Kinder und Jugendliche untergebracht.

In unserem Kinderheim lebten die Jungen in den Zimmern des ersten Stocks, und unsere Zimmer lagen im zweiten Stock. Die Zimmer waren relativ geräumig, aber in unserem zum Beispiel lebten auch etwa 18 Mädchen zusammen. An der Wand waren Stockbetten aufgestellt. Auf drei Etagen lagen jeweils fünf Mädchen zusammen, meine Bettstelle lag ganz oben. An der gegenüberliegenden Wand waren dazu noch drei Einzelbetten aufgestellt, so daß fast der ganze Raum damit ausgefüllt war. Ich war damals bei der Ankunft in Theresienstadt vierzehn und beim Abtransport nach Auschwitz sechzehn Jahre alt. Die Mädchen in meinem Zimmer hatten auch ungefähr mein Alter. Es waren einige Berlinerinnen darunter, auch Mädchen aus anderen Gegenden Deutschlands, Österreicherinnen und auch Holländerinnen wie meine spätere Freundin Ellen.

Aus Kassel kam Marianne Weizenkorn. Ihr Vater und ihre Mutter waren in der Pogromnacht vom 9. November umgebracht worden, und eine andere Familie hatte das Waisenkind mit nach Theresienstadt gebracht. Als es einmal hieß, daß in der Nähstube ein Platz frei wäre, hätte ich den gerne bekommen. Ich wollte so gerne nähen lernen. Man zog Marianne vor, man wollte ihr einen besseren Start im späteren Leben ermöglichen, indem man ihr so etwas wie eine Berufsausbildung verschaffen wollte. Diese Entscheidung traf unsere Betreuerin zusammen mit der Leiterin der Nähstube. Ich glaubte, daß Marianne die Lagerzeit nicht überlebt hatte, aber Carla Raveh

Heutige Fassade von »L 414« – des »deutschen Kinderheims« in Theresienstadt

teilte mir inzwischen mit, daß sie doch durchgekommen ist. Ebenfalls überlebte meine Zimmerkameradin Gerti Leufgen aus Emden, die als Kind einer sogenannten »Mischehe« nach Theresienstadt gekommen war. Gerti besuchte uns einmal in Gildehaus.

Das Wiener Mädchen Bella Efroimowicz aus meinem Zimmer war mit ihrer alten blinden Mutter nach Theresienstadt gekommen, ihr Vater war wohl ermordet worden. Bella litt auch sehr darunter, daß man ihr schon vor der Zeit in Theresienstadt die Haare kahlgeschoren hatte. Jeden Morgen blickte sie in den Spiegel, ob ihre Haare wieder ein wenig gewachsen waren. Die Mädchen, die das alles auch noch nicht verstanden, schauten sie deswegen manchmal etwas schief an.

Marianne Elikan, ebenfalls in unserem Zimmer, stammte aus der Weingegend, sie erzählte auch viel von der Weinlese. Sie war im Grunde eine Christin, aber wie bei Jean Améry und anderen auch hatten die Nazis plötzlich bei ihr festgestellt, daß sie Jüdin sei und sie dann allein ohne ihre Eltern nach Theresienstadt gebracht.

Aus Berlin kam später Cordelia in unser Zimmer. Sie war eigentlich Katholikin. Sie sonderte sich immer ein wenig ab, bis unsere tschechische Betreuerin Judith Peitzer einmal ein Machtwort sprach und uns aufforderte, sie besser in die Gemeinschaft aufzunehmen.

Diese Cordelia, die ich auch in Auschwitz noch einmal wiedersah, war ein besonderes Mädchen. Cordelia, die Tochter der Schriftstellerin Elisabeth Langgässer, hatte ihren jüdischen Vater niemals kennengelernt. Ihre Mutter hatte noch versucht, sie von spanischen Adoptiveltern aufnehmen zu lassen, aber schließlich war sie doch nach Theresienstadt gebracht worden.

Cordelia überlebte die Lagerzeit, ging nach Kriegsende erst nach Schweden, heiratete und nahm dort den Namen Cordelia Edvardson an. Als Korrespondentin einer großen schwedischen Zeitung ging sie während des Jom-Kippur-Krieges 1973 nach Israel, wo sie nun lebt und schreibt. Sie verarbeitete auch die Erlebnisse ihrer Kindheit und Jugend in dem autobiographischen Roman mit dem Titel »Gebranntes Kind sucht das Feuer«, der aus dem Schwedischen ins Deutsche übersetzt wurde und für den sie 1986 mit dem »Geschwister-Scholl-Preis« ausgezeichnet wurde.

Der Zufall wollte es, daß ich in jenem Jahr wieder von ihr hörte. Mein Mann und ich schauten am Sonntagmittag meistens fern, erst das Sonntagskonzert und dann das Sonntagsgespräch. Einmal hörten wir nur mit einem Ohr zu, das Gespräch mit einer Dame plätscherte so dahin, bis plötzlich der Begriff »Theresienstadt« fiel und wir hellhörig wurden. Als sie dann vom deutschen Kinderheim und ihren Integrationsschwierigkeiten erzählte, wurde klar, daß es sich um Cordelia handelte. Ich schrieb ihr einen Brief, den das ZDF schließlich an sie weiterleitete. Sie sandte mir ihr Buch und antwortete freundlich. Ich konnte ihr ebenfalls behilflich sein, den Kontakt zu unserer nur ein paar Jahre älteren damaligen Betreuerin Judith wiederherzustellen, die ebenfalls überleben konnte und heute wieder in ihrer Heimatstadt Brünn wohnt.

Viele Gebäudebezeichnungen des »Ghettos« sind in der heutigen Stadt Terezín (1990) weiterhin sichtbar

Ich frage mich so manches Mal, warum von uns Mädchen aus dem Kinderheim eine vergleichsweise größere Zahl überleben konnte, obwohl wir fast alle auch nach Auschwitz gekommen sind. Ich erkläre es mir so, daß es uns in Theresienstadt als Mädchen in dem Heim noch verhältnismäßig besser ging als den meisten anderen. Bei der Selektion in Auschwitz an der Rampe wurden wir – nun inzwischen auch ein paar Jahre älter – als noch arbeitsfähige junge Frauen eingestuft und nicht ins Gas geschickt. Und da wir noch jung und relativ kräftig waren und auch erst relativ spät in die Arbeitslager geschickt wurden, hatten wir insgesamt bessere Chancen, auch dort zu überleben.

Judith Peitzer, unsere Betreuerin für die Mädchen unseres Zimmers in »L 414«, lernte ich schon auf der Krankenstation während meiner Typhuserkrankung kennen. Als unsere Betreuerin war sie immer freundlich zu uns und versuchte immer, uns zusammenzuhalten. Sie war als mährische Jüdin auf eine deutsche Schule in Brünn gegangen und sprach deshalb so gut Deutsch. Man hörte im Lager alle möglichen Sprachen, neben Deutsch war es durch die vielen tschechischen Juden vor allem Tschechisch. Ich lernte aber nur ein paar Worte, ich gab mir keine Mühe, es zu lernen. Tatsächlich meinte ich damals, es hätte keinen Sinn gehabt.

Judith, die selbst eine Gefangene des Lagers war, wohnte wie die anderen Betreuerinnen auf dem Dachboden unseres Hauses. Irgendwie hatten sie sich Holz organisiert, vielleicht gegen etwas Margarine eingetauscht, und dann mit Hilfe von handwerklich geschickten Freunden kleine Zimmer oder Verschläge gebaut. Wenn wir etwas wissen wollten oder einfach nur Trost suchten, gingen wir zur Betreuerin hinauf. Auch ich war einige Male oben bei Judith Peitzer.

Judith teilte uns auch immer mit, wie wir uns zu verhalten hatten und was wir zu tun hatten. Wir Mädchen hatten normalerweise keinen Kontakt mit der »Jüdischen Selbstverwaltung«, die vieles im Ghetto regelte. Wenn etwas mitzuteilen war, dann bekamen wir es über Judith vermittelt.

Im allgemeinen hielten wir Mädchen zusammen. Wie das nun einmal so ist, gab es auch kleine Animositäten, manchmal etwas Neid, aber insgesamt verstanden wir uns trotz der Enge gut, bildeten eine Gemeinschaft, zumal die Betreuerin doch ziemlich ausgleichend wirkte.

Zu den Jungen im deutschen Kinderheim, die in der Etage unter uns lebten, hatten wir wenig Kontakt. Man kannte die Gesichter, wenn wir uns auf dem Hof aufhielten oder wenn wir den Jungen auf der Bastei begegneten, ansonsten blieben wir unter uns.

Schulunterricht gab es für uns eigentlich nicht. Sie haben sich Mühe gegeben, manchmal kam stundenweise jemand zu uns, der uns etwas erzählte. Einmal sprach ein dunkelhaariger Herr über das Thema »Wissen ist Macht«, es wurden auch einmal Bleistifte verteilt, damit wir uns im Schreiben üben sollten, aber im Grunde sind uns diese Jahre auch im Sinne einer Ausbildung verlorengegangen.

Gemalt wie bei den tschechischen Kindern in Theresienstadt wurde bei uns nicht.

Heute noch sichtbare Gebäudemarkierungen des »Ghettos«

Wir Mädchen waren ja auch besonders im Sommer in der »Abteilung Landwirtschaft« oder bei anderen kleineren Tätigkeiten eingesetzt. So arbeitete ich zweimal für eine gewisse Zeit in einer Putzkolonne. Das war bei den Theresienstädter Verhältnissen keine angenehme Aufgabe. Jeder, der nach Theresienstadt kam und arbeiten konnte, mußte einmal in die Putzkolonne. So dachten sich meine Mutter und ich, daß wir uns gleich melden sollten, damit wir es hinter uns hatten. Wir empfanden es als ungerecht, daß wir dann später noch einmal einer Putzkolonne zugewiesen wurden.

Die sanitären Verhältnisse waren im allgemeinen schlecht, es war schmutzig, aber in dem Mädchenheim standen wir jeden Morgen in einer langen Reihe in einem Raum und wuschen uns von oben bis unten, häufig auch ohne Seife.

Von unserer Arbeit in der »Landwirtschaft« habe ich schon an anderer Stelle berichtet, wie wir manchmal dabei auch unsere Versorgung ein wenig verbessern konnten. Es gab auch Arbeit, da war man nur froh, wenn man damit fertig war. Neben der Leichenhalle mußten wir einmal eine Wiese umgraben. Wir Mädchen veranstalteten an jedem Morgen ein richtiges Theater darum, wer den besten, schärfsten Spaten bekam.

Wenn wir in der »Landwirtschaft« innerhalb des Ghettos arbeiteten, zählte nicht die Zeit, sondern die Menge. Wenn eine Gruppe ihr vorgegebenes Pensum erfüllt hatte, durfte sie ins Kinderheim zurück. So kamen wir unterschiedlich manchmal schon um 11 Uhr, manchmal am Nachmittag zurück. Im Winter versuchte ich, in Theresienstadt – ich weiß nicht mehr was – eine andere Tätigkeit zu bekommen. Als Kind war ich häufig und gern Schlittschuhlaufen gewesen, hatte einmal nicht rechtzeitig den Weg nach Hause gefunden, und so waren mir etwas meine Füße und Hände angefroren. Ich fror in Theresienstadt besonders an Händen und Füßen, und meine Hände waren ständig im Winter aufgesprungen. Man ging darauf ein, im Winter in der Kälte brauchte ich nicht draußen zu arbeiten.

Die Mutter meiner Freundin Ellen war bei der Glimmerproduktion im Lager beschäftigt. Dort wurden kleine Plättchen hergestellt, die für die Fenster der Flugzeuge verwandt wurden, weil das Material nicht so schnell zerbarst. Wer in der Produktion beschäftigt war, konnte lange sicher sein, nicht in ein Lager in den Osten deportiert zu werden.

Wenn ich Freizeit hatte, besuchte ich natürlich häufig meine Mutter und, als er noch lebte, auch meinen Vater. Der Weg zu dem von der tschechischen Bevölkerung zuvor geräumten Zivilhaus der alten Garnisonsstadt dauerte nur ein paar Minuten. Ich sah dort die Enge, in der meine Mutter zusammen mit anderen Frauen ein Zimmer bewohnte, mein Vater lebte ebenfalls mit einigen anderen Männern in einem Raum im hinteren Teil des Blocks. Manchmal, wenn ich Verwandte besuchen wollte, kam ich auch in die riesigen Kasernen, die nun im Lager als Massenunterkünfte dienten. Einmal hörten wir, daß unser Rabbi aus Insterburg nach Theresienstadt gekommen wäre. Ich suchte ihn vergeblich und fand ihn auch nicht auf dem Boden der

»Ghettokronen«, die interne, praktisch wertlose Lagerwährung

Hannover-Kaserne, wie man es mir gesagt hatte. Es gab insgesamt viele Gerüchte, und es wurde viel geredet. In diesem abgeschlossenen Bereich konnte man nie wissen, was wirklich wahr war von dem, was man erzählte. Es kamen ja auch immer wieder Transporte, zum Beispiel aus Berlin, in Theresienstadt an, die neue Informationen oder Gerüchte in Umlauf brachten.

In der freien Zeit spielte ich auch manchmal Völkerball und Handball. Ein wirklich sportbegeisterter Herr Winterberg gab sich alle Mühe, mit uns Mädchen aus dem Kinderheim eine Handballmannschaft aufzubauen. Er wollte uns körperlich ertüchtigen. Auf der Bastei wurde geübt, und ich erinnere mich auch an ein Spiel gegen eine andere Mannschaft aus dem Lager.

Es gab im Lager einen richtigen Spielbetrieb von Sportmannschaften.

Im kulturellen Bereich, besonders was Bühne und Konzert betrifft, entwickelte sich in Theresienstadt ein reges Leben, von dem auch ich ein wenig mitbekam. Einmal hatten wir die Möglichkeit, eine Aufführung der »Fledermaus« zu erleben, deren Musik auf dem Boden eines Stadthauses im kleinen Rahmen aufgeführt wurde. Eine tschechische Jüdin aus der Verwaltung unseres Kinderheims war eine gute Sängerin. Sie sang die Hauptrolle in der »Verkauften Braut«. Sie trällerte ihre Rolle ständig, auch wenn sie über die Flure ging. Viele unserer Mädchen interessierten sich gar nicht dafür oder fanden das einfach nur lustig. Ich hörte mir mehrere Male die Aufführung der »Verkauften Braut« an. Es wurde in tschechisch gesungen, die Sänger trugen die Oper konzertant und ohne Kostüme vor. Aber es spielte ein teilweise improvisiertes, jedoch fast vollständiges Orchester, das von einem sehr guten Dirigenten, einem kleinen, untersetzten Herrn, geleitet wurde. Die Sänger waren in meiner Erinnerung ebenfalls sehr gut.

Ich mag diese Oper seither sehr gern. Immer, wenn ich die Möglichkeit habe, eine Aufführung zu sehen, auch im Fernsehen, schaue ich sie mir an.

Das »Kaffeehaus« am Stadtplatz besuchte ich nur einmal an einem Nachmittag. In einem kleineren Saal waren provisorisch Tische und Stühle aufgestellt. Auf einer kleinen Bühne stand ein Klavier. In meiner Erinnerung sehe ich einen Mann dort sitzen, der das Lied »Der Mann am Klavier« spielte.

Ich bekam auch mit, daß eine Kommission des Internationalen Roten Kreuzes Theresienstadt besuchen wollte. Dazu wurde alles verschönert. Fleißig mußten die Lagerbewohner daran arbeiten, daß die Kommission einen guten Eindruck vom Lager bekommen sollte. Es wurde gestrichen und gefegt, ganz Theresienstadt war in Aufregung.

Für unsere Familie gab es in Theresienstadt keine Verbindung zur Außenwelt. Einmal konnten wir, ich weiß nicht mehr an wen, eine Karte nach Insterburg schreiben. Es gab immer viele Gerüchte. Was wirklich war, konnte man auch daher schlecht einschätzen.

In unserem Kinderheim »L 414« befand sich im Erdgeschoß des Gebäudes die »Post«, die ja allenfalls die Verteilerstelle für ankommende Sendungen war. Die tschechischen Juden bekamen,

Stichwort: Kunst und Kultur in Theresienstadt

Das »Lied der Moorsoldaten« aus den Emslandlagern wurde eines der ersten bekanntgewordenen Zeugnisse dafür, daß es hinter Zäunen, Gräben oder Mauern der »Ghettos« und Konzentrationslager der NS-Zeit erstaunliche künstlerische und kulturelle Aktivitäten gab. Inzwischen ist aufgezeigt worden, daß es noch weit mehr als die Kabarettvorführungen in Westerbork, Literaturlesungen in Dachau, Jazz der »Ghetto-Swingers« im »Kaffeehaus« in Theresienstadt und das auch von Hella Wertheim genannte »Mädchenorchester von Auschwitz« gegeben hat.[32]

In Theresienstadt entwickelte sich in Verbindung mit der Vorzeigefunktion ein von der SS zunächst geduldetes, später sogar gefördertes außerordentliches Kulturleben. Dazu gehörten u.a. Bibliothek und Vortragswesen ebenso wie ein umfangreiches Bühnenprogramm, das bei aller Improvisation an Qualität und Quantität dem einer zehnfach größeren Stadt entsprach. Auch nach den vielen Deportationen in die Vernichtungslager wurde der Kulturbetrieb, der von der Abteilung »Freizeitgestaltung« der »Jüdischen Selbstverwaltung« akribisch organi-siert und verwaltet wurde, aufrechterhalten. So zeigt zum Beispiel eine Programmübersicht für die Woche vom 10. bis 17. März 1945 (!), wenn man das »Kaffeehaus« einbezieht, immer noch drei bis vier Veranstaltungsangebote (Konzert, Theater, Unterhaltung) täglich.[33] Nicht berücksichtigt sind dabei die in Theresienstadt besonders ausgeprägten kreativen Aktivitäten in den Bereichen Zeichnen und Malen, Literatur und Musik.

Der größere Teil der Arbeiten und Aufführungen reflektierte nicht direkt die Lagersituation, sondern nahm eher die Fassade einer heilen Welt an, bezog sich auf die Erinnerung an das kulturelle Leben der Vorlagerzeit, diente der Ablenkung von der Realität der Lagersituation oder der Verdrängung.[34]

In der Reihe der außergewöhnlichen Werke steht die von Hella Wertheim genannte Kinderoper »Brundibár«, deren Erstaufführung im »Ghetto« mit großem Erfolg am 23. September 1943 stattfand. Der vierzigköpfige Kinderchor und die zehn Solisten wurden von einem Orchester mit zehn Instrumentalisten begleitet. Die fünfundfünfzig Mal in Theresienstadt aufgeführte Kinderoper thematisiert die Geschichte eines bösen Leierkastenmanns, der schließlich von den solidarisch handelnden Kindern niedergerungen wird – was im »Ghetto« so verstanden wurde, daß man sich nicht der Unrechtsherrschaft der Nationalsozialisten beugen wollte und schließlich doch die Oberhand über ihn gewinnen könnte. Nachdem auch »Brundibár« in das Propagandakonzept einbezogen war, hatten die Kinder im Sinne der Nationalsozialisten ihren Zweck erfüllt: Die meisten der mitwirkenden Kinder wurden wie auch der Komponist Hans Krása ab September 1944 in die Todeslager deportiert.[35]

Als zweites Beispiel außergewöhnlichen Schaffens sollen die beiden Komponisten Gideon Klein und Viktor Ullmann erwähnt werden, die als Schön-

---

32) Vgl. u.a. Wolfgang Langhoff: Die Moorsoldaten. 13 Monate Konzentrationslager, Zürich o.J.; Fania Fénelon: Das Mädchenorchester in Auschwitz, Frankfurt am Main 1980; Kunst und Holocaust. Bildliche Zeugen vom Ende der westlichen Kultur, hrsg. von Detlef Hoffmann, Loccumer Protokolle 14/1989, Rehburg-Loccum 1990.

33) Wochenprogramm abgedruckt bei Hans Günther Adler: Die verheimlichte Wahrheit. Theresienstädter Dokumente, Tübingen 1958, S. 243.

34) Vgl. Matthias S. Viertel: Musik aus Theresienstadt, in: NDR 3, Musikforum, 19. April 1990, 15.05 Uhr.

35) Vgl. Joža Karas: Music in Terezín. 1941–1945, Stuyvesant 1990; Brundibár. Kinderoper aus dem KZ Theresienstadt, Musik: Hans Krása, Text: Adolf Hoffmeister, Neuaufnahme in deutscher Sprache durch das St.-Ursula-Gymnasium Freiburg, Christophorus-Verlag, Freiburg 1988, 74074.

wie ich berichtete, manchmal Pakete von Freunden, wir erhielten unten in der »Post« einmal eine Dose portugiesischer Ölsardinen. Es ging im Lager herum, daß bei dem Besuch der ausländischen Kommission die einmalige Ausgabe dieser Ölsardinen gleich ausgenutzt wurde: Als die tschechischen Kinder mit ihrer Kinderoper »Brundibar« vorgeführt wurden, war ihnen angeordnet worden, bei der Ankunft des Lagerkommandanten Rahm mit der Kommission zu rufen: »Doch nicht schon wieder Schokolade und Ölsardinen!« Sie sollten so tun, als ob sie mit Geschenken überfüttert wären.

Einmal erhielten auch wir Post, eine Karte aus Auschwitz. Nachdem der Bruder meines Vaters in Theresienstadt gestorben war, wurde seine Frau, die ebenfalls hier im Lager war, im Mai 1944 nach Auschwitz deportiert. Ich erinnere mich noch daran, wie ich ihr an einem schönen Maientag etwas beim Einpacken ihrer wenigen Sachen half.

Ich weiß nicht, was aus ihr geworden ist, aber die Karte aus Auschwitz war wohl nur dazu da, die Leute in Theresienstadt zu beruhigen.

Die ganze Verschönerungsaktion war letztlich vollständig Fassade, denn die Verhältnisse entsprachen diesem äußeren Bild überhaupt nicht, sondern waren weiterhin schlecht.

Leider haben sie sich täuschen lassen. Ich empfinde das als eine Dummheit, zumal man aus heutiger Sicht sagen kann, daß im Ausland schon früh genaue Berichte über die Lager vorlagen.

Im Grunde genommen war auch der Film »Der Führer schenkt den Juden eine Stadt« ein Schwindel. Alles wurde inszeniert, um zu zeigen, wie angeblich gut es die Juden unter Hitlers Herrschaft hätten. Und in Wirklichkeit wurden sie gemordet. Der Film wurde verhältnismäßig spät gedreht. Auch das in dem Film gezeigte anscheinend normale Leben in einer Stadt mit einem Geschäftsleben war inszeniert.

Ich habe noch heute eine »Ghettokrone«, in deren Besitz ich später wieder irgendwie gelangt bin. Aber das Geld war auch damals in Theresienstadt so gut wie nichts wert, weil man dafür kaum etwas kaufen konnte. In den kleinen Geschäften, die man in Theresienstadt einrichtete, wurden keine vernünftigen Waren angeboten, allenfalls Tauschobjekte. Als in Theresienstadt meine mitgebrachten Schuhe völlig aufgebraucht waren, lief meine Mutter lange mit mir herum, um andere Schuhe für mich zu bekommen, zumal ich einen sehr kleinen Fuß habe. Schließlich gingen wir auch einmal in einen dieser kleinen Läden und tauschten ein Paar Schuhe für mich gegen irgendetwas anderes ein.

Der Titel des Films war mir damals nicht bekannt, aber man nahm schon an, daß er gedreht wurde, um sich vor dem Ausland eine reine Weste zu geben, um zu zeigen, wie sie bei den schlimmen Verhältnissen in Theresienstadt es vermeintlich gut mit uns meinten. Wir wußten damals noch nicht, daß nicht nur die Grausamkeiten bei uns, sondern letztlich auch die ganze

berg-Schüler in der Unwirklichkeit Theresienstadts ein »Studio für Neue Musik« schufen, das in seiner Bedeutung auch im Vergleich zur europäischen zeitgenössischen Musikszene dieser Zeit einen vorderen Rang einnahm. Ullmann veranstaltete entsprechende Konzerte, und beide schrieben Kompositionen, die aus heutiger Sicht in besonderer Weise die beklemmende Lagersituation und die ungewisse Zukunft in Verbindung mit avantgardistischen Kompositionselementen zum Ausdruck brachten. Viktor Ullmann und seine Frau wurden im Oktober 1944 in den Gaskammern von Auschwitz ermordet, Gideon Klein starb im Januar 1945 im Konzentrationslager Fürstengrube.[36]

Die Motive der Menschen, in der extremen Lagersituation künstlerisch tätig zu sein, sofern sie nicht in oft demütigender Weise dazu direkt von der SS gezwungen wurden, lassen sich grob drei Feldern zuordnen: dem der materiellen Lebenssicherung, dem der ideellen Lebensfindung und der Sinngebung und schließlich dem der Dokumentation des Grauens.

Für das intensive Kulturleben in Theresienstadt ließe sich der Aspekt der Lebenssicherung so konkretisieren:

– wer für die SS Bilder des geschönten Theresienstadt malte, lebte materiell etwas besser als andere Mitgefangene,

– wer im »Kaffeehaus« als Musiker auftrat, war während dieser Zeit von anderer Arbeit befreit; großen Künstlern gestand die »Jüdische Selbstverwaltung« zu, praktisch ganz ihren künstlerischen Tätigkeiten nachzugehen,

– wer etwas künstlerisch leistete, rechnete auch innerhalb des »Ghettos« mit materiellen Vorteilen oder sonstigen Vergünstigungen,

– wer sich als Künstler unentbehrlich oder unersetzlich einschätzte, konnte hoffen, seinen Namen auf den von der »Jüdischen Selbstverwaltung« erstellten Deportationslisten der Transporte in die Todeslager nicht zu finden.

Andererseits kann jede kreative oder künstlerische Aktivität im Lager auch als Versuch gesehen werden, einer Situation entgegenzuwirken, die bei den Gefangenen die Zerstörung des gesamten psychischen Abwehrsystems bedeutet, sie systematisch entmenschlicht. Künstlerische Anstrengung kann so Individualität und Identität bewahren helfen.[37]

Das Mitglied der »Ghetto-Swingers«, Coco Schumann, der auch in Auschwitz in einem Orchester spielte, antwortete auf die Frage nach den Motiven:

»Es ging um das nackte Überleben.

Wenn man das Glück hatte, dieses Überleben durch seinen Beruf zu erreichen, da fragte man nicht lange nach Gründen. Durch die Betätigung in seinem künstlerischen Beruf konnte man auch zeitweilig diese schreckliche Wirklichkeit verdrängen. Außerdem hoffte man auch, dadurch den schrecklichen Arbeits- und Todeskommandos zu entgehen. Jedenfalls zurückdenkend glaube ich, daß das bei uns allen eines der Hauptmotive war. Ich glaube, daß jemand, der künstlerisch etwas zu sagen hat, in jeder Situation dazu getrieben wird, dieses einem Publikum mitzuteilen und gerade in dieser schrecklichen Situation abzulenken und Mut zu machen.«[38]

---

36) Vgl. *Chamber Music from Theresienstadt. 1941–1945. Gideon Klein, Viktor Ullmann*, CD aufgenommen mit dem *Hawthorne String Quartet und Virginia Eskin, Channel Classics Records, B.V. Amsterdam 1991, CCS 1691; Terezín. The Music 1941–1944. Vol. 1: Chamber Music, Vol. 2: Vocal Works*, produced by Alexander Goldschneider, *Doppel-CD, London 1991, Romantic Robot Nr. 1941.*

37) Vgl. Bruno Bettelheim: *Erziehung zum Leben. Zur Psychologie der Extremsituation*, aus dem Amerikanischen, Stuttgart 1980, bes. S. 20, S. 62 f.

38) Coco Schumann in einem Brief an Manfred Rockel vom 17. Februar 1991.

Mordmaschinerie in den anderen Lagern vertuscht werden sollten. Von der Wirklichkeit der Vernichtungslager im Osten hatten wir in Theresienstadt tatsächlich keine Kenntnis oder Vorstellung, allenfalls eine düstere Ahnung.

Die Dreharbeiten in Theresienstadt habe ich nicht selbst beobachtet, nur sah ich zu der Zeit häufig stark geschminkte Leute mit gelbem Make up, da wußte ich sofort: Die machen beim Film mit. Man trug an Kleidung das, was man noch besaß, die Mitwirkenden hingegen sollten wie anständig gekleidete Leute aussehen, sie hatten ihre besten Sachen an.

In Theresienstadt wollte jeder überleben. So muß man sich auch erklären, daß die Gefangenen bei diesem Film mitmachten, der sich gegen sie selbst richtete. Dahinter stand auch die Drohung, daß, wenn man sich weigerte, die Deportation in ein wohl schlimmeres Lager bevorstand. Es gab fast regelmäßig Deportationen in andere Lager, und niemand wollte dabei sein. So wählte man das kleinere Übel und machte mit.

Regie in diesem Film führte Kurt Gerron, eine in jeder Hinsicht herausragende Persönlichkeit, der selbst Gefangener in Theresienstadt war. Man konnte ihn mit seiner stattlichen Statur auch im Lager nicht übersehen. Er war als UFA-Schauspieler und Regisseur auch im Lager bekannt. Neben seiner Regiearbeit leitete er Kabarettveranstaltungen in Theresienstadt, bei denen er auch selbst auftrat.

Ich erfuhr erst kürzlich, daß eine dieser Veranstaltungen, an der wir Kinder aus dem Kinderheim teilnahmen, extra für den Propagandafilm veranstaltet und auch gefilmt worden war. Dazu wurden die Zuschauer aus dem Ghetto herausgeführt. Um möglichst viele auf die Beine zu bekommen, die als Zuschauer und zugleich auch als Statisten für den Film mitwirken sollten, wurden wir Mädchen aus meinem Zimmer von unserer Betreuerin Judith Peitzer nach draußen in den Bauschowitzer Kessel geführt, wo eine Bühne aufgebaut war. Ich sehe noch, als ob es heute wär, wie der dicke Kurt Gerron als Teil des Programms den Haifischsong vortrug. Dieses Lied aus der »Dreigroschenoper« von Bert Brecht und Kurt Weill hörte ich damals zum ersten Mal, eine solche Musik war für mich ganz neu und ungewohnt.

Auch Kurt Gerron wurde im Lager nicht übelgenommen, daß er diesen Film für die Nazis machte. Alle wußten doch, in welcher Streßsituation man sich befand. Wie man sich drehte und wendete, es gab immer noch genug Schwierigkeiten, es ging hier wie dort ums Überleben.

Bei der Betrachtung des Films sollte man auch bedenken, daß vorher, im September 1944, sehr viele Gefangene von Theresienstadt in andere Lager in den Osten deportiert worden waren. So erschien das Ghetto im Film vergleichsweise weniger überfüllt. Zu den Deportierten in diesen Transporten gehörte auch der Vater meiner holländischen Freundin. Auch viele, die in Theresienstadt dringend gebraucht wurden, standen auf der Liste und mußten mit. Ich machte diese Erfahrung, als ich zu dieser Zeit wieder mit einer Nagelbettentzündung zu tun hatte. Wohl aufgrund der schlechten Ernährung bekam ich dieses Leiden nie in den Griff. Heilte ein Finger,

Bis heute erhaltene Gebäudemarkierung der »Geniekaserne«, wo Hellas Vater Arthur Sass starb

entzündete sich der Nagel des nächsten Fingers. Da ein Finger richtig vereitert war, ging ich mit meiner Kameradin Inge Grünebaum von einer Ambulanz zur anderen, nirgendwo konnten wir einen Arzt finden, der mir half. In dieser Zeit schien mir Theresienstadt fast männerleer zu sein. Viele Männer, auch Ärzte, waren deportiert worden.

Ich habe bis heute mit diesen Nagelbettentzündungen zu tun. Ich weiß gar nicht mehr, wie ich mich damals beholfen habe, Pflaster und Heilmittel konnte ich nicht mehr bekommen.

Meine Mutter und ich waren ebenfalls schon im Sommer 1944 zu einem Transport in den Osten bestimmt gewesen. Die »Schleuse« bildete nun die Hamburger Kaserne. Bis dorthin hatte inzwischen ein Arbeitskommando aus jungen Gefangenen ein Gleis verlegt, so daß ein direkter Anschluß an die Bahnlinie in Bauschowitz gegeben war. Sicherlich wollte man nicht den Gefangenen, die abtransportiert wurden, den Fußmarsch ersparen, vielmehr sollte so alles reibungsloser ablaufen. Ich hatte schon meine wenigen Sachen gepackt und mich schon von den Mädchen aus dem Kinderheim verabschiedet. Ich saß mit meiner Mutter an der Schleuse und wartete. Da wurde plötzlich ausgerufen, daß Ida und Hella Sass von dem Transport gestrichen waren. Daraufhin ging ich wieder mit meinem Päckchen ins Kinderheim zurück, die Mädchen freuten sich mit mir. Daß wir zurückgestellt wurden, erklärte ich mir so: Meine Mutter war zur »Jüdischen Selbstverwaltung« gegangen und hatte argumentiert, daß mein erkrankter Vater nicht allein zurückgelassen werden könnte, daß man die Familie doch in einem Lager zusammenlassen sollte. So waren wir aus diesem Transport noch einmal gerettet worden.

Meinem Vater ging es zu der Zeit schon sehr schlecht. Er litt unter den Entbehrungen der Hungerrationen, sein Körper war nach zwei Jahren in Theresienstadt sehr geschwächt. Zuerst lag er in seiner Unterkunft, die sich im hinteren Teil des Zivilhauses befand, in dem meine Mutter vorne untergebracht war. Als sich sein Zustand verschlechterte, brachten wir ihn noch in ein Spital in der »Geniekaserne«, aber niemand konnte helfen. Er bekam in seinem geschwächten Zustand noch ein Geschwür am Fuß, eine Phlegmone, die sich immer weiterfraß. Er starb, und am 27. August 1944, auf den Tag genau zwei Jahre nach unserer Ankunft in Theresienstadt, geleiteten wir ihn zum Schlagbaum.

Es gab keine Särge, nur ungehobelte Holzkisten, die auf Karren geladen und dann zur Grenze des Ghettos geschoben wurden. Jeden Tag starben etwa 35 Gefangene. Am Rande des Ghettos, an einem Ort, wo der Rabbiner jeden Tag dieselben Leichenreden hielt, nahmen meine Mutter und ich Abschied von meinem Vater. In der Nähe des Schlagbaums waren viele Holzkisten übereinandergestapelt. Wir konnten ihn nur bis zum Schlagbaum begleiten, wo der Weg nach draußen zum Krematorium führte. Da standen meine Mutter und ich schließlich am Schlagbaum und sahen die Holzkisten auf einem von Gefangenen gezogenen Fuhrwerk davonfahren. Wir erfuhren aber nicht, was mit meinem toten Vater geschehen würde.

Ich besitze heute nicht ein Bild von meinem Vater.

Überrest des von Gefangenen gelegten Gleises für Deportationen nach und von Theresienstadt; Aufnahme der Lokomotive eines Deportationszuges im »Ghetto«

In Theresienstadt sagten wir zu unserem Lager »Ghetto«. Aber es war bei unserer Gefangenschaft, bei den schlimmen Zuständen und den vielen Toten ein Konzentrationslager. Die Bezeichnungen »Musterlager« oder »Vorzeigeghetto«, die von den Nazis geprägt wurden, entsprachen keinesfalls den tatsächlichen Verhältnissen.

Auschwitz

So schlimm Theresienstadt war, nach Auschwitz, das man uns als Arbeitslager bezeichnete, wollten wir nicht. Wir wußten, daß es gefährlich würde, wir befürchteten, daß es schlimmer würde, als es war, und deshalb hatte man Angst, wenn man in diese Transporte eingeteilt war. Daß aber der Großteil in Auschwitz sofort nach der Ankunft selektiert und ins Gas geschickt werden würde – das wußten wir nicht. Für uns hieß es nur, wir kämen zur Arbeit in ein anderes Lager.

Als meine Mutter und ich die Aufforderung zur Deportation für den 14. Oktober 1944 erhielten, bin ich noch zur Selbstverwaltung in die Magdeburger Kaserne gelaufen. Dort haben sie mir die Listen vorgelegt: »Ida Sass« und »Hella Sass« stand dort. Ich erreichte nichts, und so fanden sich meine Mutter und ich mit dem wenigen, was wir noch hatten, am nächsten Tag an der »Schleuse« ein. Die »Schleuse« in der Hamburger Kaserne bestand praktisch aus einem versetzten Durchlaß-gitter wie bei heutigen Parkanlagen. Wenn ich heute so etwas in Bentheim am Kurpark sehe, muß ich immer an unseren traurigen Abschied von Theresienstadt denken. Wir wurden in einen Viehwaggon geladen. Als er verschlossen war, hatten wir fast kein Licht. Wir müssen wohl drei Tage unterwegs gewesen sein. An die Fahrt selbst erinnere ich mich wenig. Der Wachmann brachte uns einmal etwas Wasser, einmal auch nicht. Ob wir Proviant mitgenommen hatten, ob wir unterwegs etwas zu essen bekommen haben, ich kann es nicht mehr sagen. Wir waren ganz dicht zusammengepfercht, daß man nur stehen konnte. Wenn man sich hinsetzen wollte, mußte man sich schon fast auf den Schoß des anderen setzen. Es wurde geklopft, es wurde geschrien, und einige starben unterwegs, die weiter im Waggon blieben und schließlich als Leichen ausgeladen wurden.

Als wir in Auschwitz ankamen, war es Nacht. Ich war aufgeregt, wie es dort sein würde. Ich junges Mädchen hoffte sogar, daß es etwas besser sein könnte als vorher. Der Zug hielt. Männer in Streifenjacken und runden Häftlingskappen sprangen sofort von der linken Seite in den gerade geöffneten Zug, rissen unsere Gepäckstücke an sich und warfen sie hinaus. In meiner Unwissen-heit fragte ich einen: »Wie ist es hier?« Da antwortete der Mann nur: »Rechte Seite Leben – linke Seite Tod!« Mehr sagte er nicht, drehte sich um und war schon weg.

Es war ein Auschwitzhäftling, der eingeteilt war, die Gepäckstücke der ankommenden Gefange-nen sofort aus den Zügen zu holen. Auf der anderen Seite der Geleise hieß es: »Raus, raus, raus!« So ein Güterwagen war ziemlich hoch. Dann war man durch das Scheinwerferlicht geblendet. Meine Mutter stieg vor mir aus. Als ich hinuntergesprungen war, drehte ich mich um. Da sah ich, wie hinter mir aus einem anderen Wagen kommend, meine holländische Freundin Ellen, die in Theresienstadt mit mir im selben Zimmer war, aus dem Waggon stieg und über die Bahnschwel-len stolperte. Sie hatte wohl noch dazu einen Beutel an der Seite hängen. Sie war schon häufig

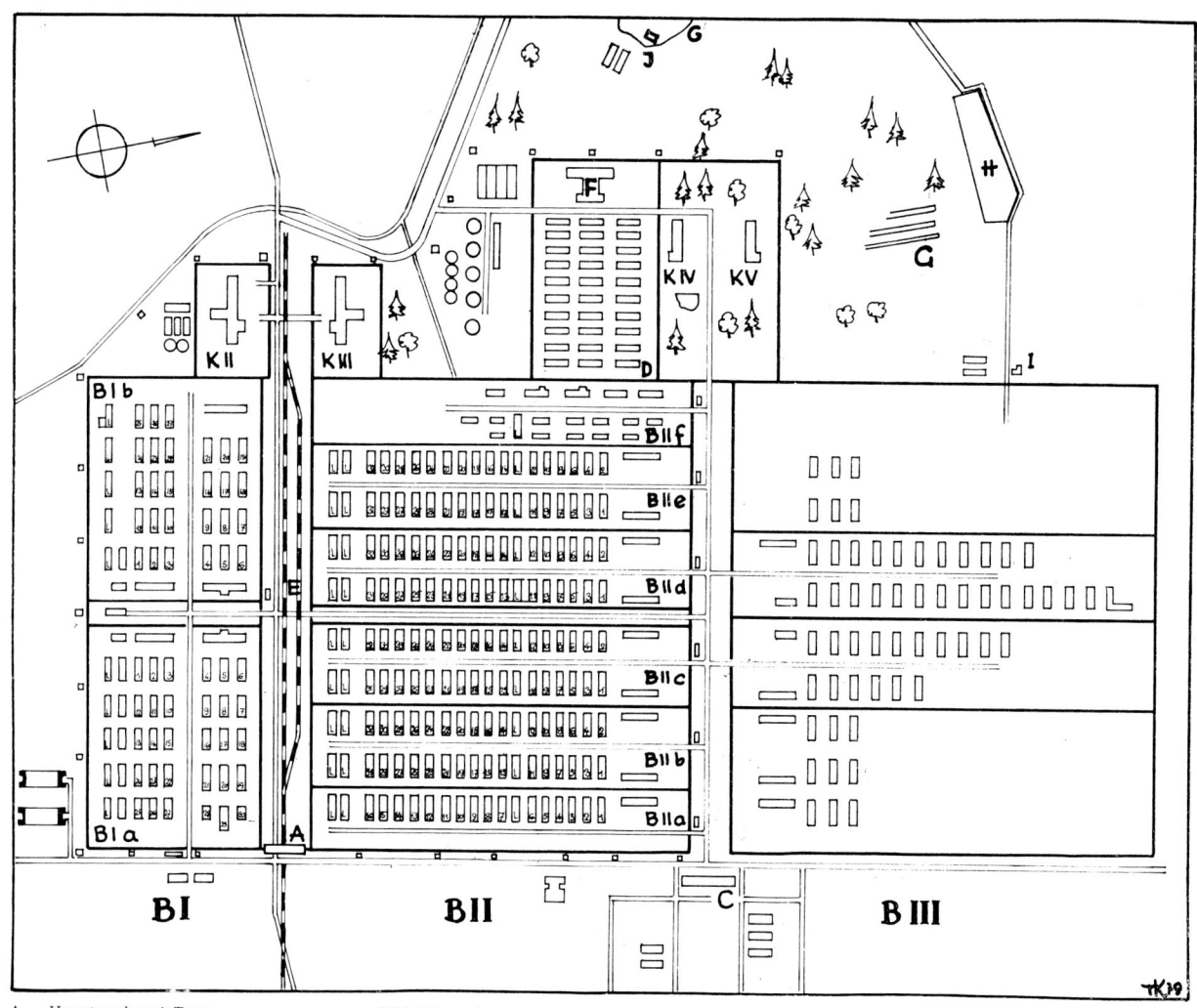

A	Hauptwache mit Turm	BIId	Männerlager	H	Massengräber sowjetischer Kriegsgefangener
BI	erster Lagerbauabschnitt	BIIe	Zigeunerlager	I	erste provisorische Gaskammer
BII	zweiter Lagerbauabschnitt	BIIf	Häftlingskrankenbau	J	zweite provisorische Gaskammer
BIII	dritter Lagerabschnitt im Bau (Mexiko)	C	Kommandantur und SS-Baracken	KII	Gaskammer und Krematorium II
BIa	Frauenlager	D	Effektenlager für geraubte Effekten der Ermordeten	KIII	Gaskammer und Krematorium III
BIb	anfangs Männerlager, ab 1943 Frauenlager		(Kanada)	KIV	Gaskammer und Krematorim IV
BIIa	Quarantäne	E	Rampe, Ausladungsort für Transporte, an dem	KV	Gaskammer und Krematorium V
BIIb	Familienlager für Juden aus Theresienstadt		Selektionen durchgeführt wurden	L	Latrinen und Waschräume
	(Terezín)	F	Saunen		Wohnbaracken für Häftlinge sind mit
BIIc	Lager für ungarische Juden	G	Scheiterhaufen, auf denen Leichen verbrannt wurden		arabischen Ziffern bezeichnet.

50

krank gewesen, immer kränklich, und unsere Betreuerin hatte uns öfters ermahnt, wir sollten uns mehr um sie kümmern. Ich sprang auf sie zu und nahm die hinkende Ellen beim Arm, und dabei ging die Kolonne weiter. Meine Mutter schnappte sich eine Frau, die sie aus Tilsit kannte. Und ausgerechnet diese ältere Dame aus Tilsit hatte schneeweißes Haar. Meine Mutter hatte zwar schütteres Haar, ein paar graue Strähnen schon, aber es war doch dunkler, fast schwarz. Die beiden gingen vor uns.

Der große, schlanke uniformierte Mann schaute sich die beiden Frauen vor uns an, packte sie am Arm und schickte sie nach links. Und wie er die Holländerin und mich nach rechts schicken wollte, löste ich mich von seinem Griff, wollte meiner Mutter hinterher laufen und rief: »Das ist doch meine Mutter!« Da packte er mich am Ärmel, zerrte mich zur rechten Seite und sagte: »Du siehst deine Mutter schon noch wieder!«

Natürlich wußte ich bei meiner Ankunft in Auschwitz noch nicht, daß hier an der Rampe sofort selektiert wurde, wer ins Gas ging und wer nicht. Auch lernte ich den Namen des Mannes, der meine Mutter in den Tod schickte, erst später im Lager kennen. Es war wohl Dr. Mengele, der uns auch ein paar Wochen später zu einem Arbeitertransport nach Lenzing zusammenstellte.

Meine Mutter sah ich nie wieder. Es ist heute klar, daß sie direkt ins Gas geschickt wurde. Alle, die auf die linke Seite gestellt wurden, brachte man direkt in die Gaskammern.

Die Erinnerungen an die Vergangenheit werde ich solange tragen, wie ich lebe. Immer wieder kommen auch Schuldgefühle gegenüber meiner Mutter auf. Wieso habe ich überlebt? Was hätte ich tun können, um sie zu retten? Es ging alles so schnell, in Sekunden war alles entschieden. Hat es mein Leben gerettet, daß ich mit der ebenfalls jungen Ellen am Arm zusammenging, oder hätte ich meine Mutter retten können, wenn ich junges Mädchen mit ihr zusammengestanden hätte? Vielleicht wären wir dann beide auf die rettende Seite geschickt worden, denn meine Mutter sah doch auch noch nicht so alt oder krank aus. Ich hätte bei meiner Mutter bleiben sollen. Ich muß sehr oft über diese Situation nachdenken, das Schuldgefühl sitzt in mir.

Mit der Situation in Auschwitz, der Selektion an der Rampe durch Dr. Mengele oder andere, wurde ich viel später noch einmal auf unerträgliche Weise konfrontiert:

Als mein Mann und ich nach dem Krieg in Gildehaus in der Grafschaft Bentheim nahe der holländischen Grenze in unseremWohnhaus unten ein kleines Textilgeschäft betrieben, befand sich gegenüber eine Schmiede. Besonders mein Mann war sehr lärmempfindlich, und er litt unter dem Lärm der Schmiede. Mich erinnerte die Situation an die der Juden in Venedig, wo der Begriff »Ghetto« für das jüdische Viertel entstand, denn Schmieden heißt »gaitare«. Die Juden mußten in der Nähe der Schmieden leben, Lärm und Aufregung war schon ein früher Begleiter der Juden. Mein Mann, der sich nach den Leiden seiner Häftlingszeit nun so danach sehnte, in Ruhe und Frieden leben zu können, fühlte sich auch des nachts durch die Bahnlinie in der Nähe des Hauses und durch den Lärm von der Bundesstraße 65 gestört. In den frühen Jahren hörte man besonders

Stichwort: Die Deportation
von Hella und Ida Sass nach Auschwitz

Die Deportation der zu dem Zeitpunkt 16½jährigen Hella mit ihrer Mutter Ida Sass erfolgte im Rahmen einer Reihe von elf Transporten zwischen dem 28. September und 28. Oktober 1944, die insgesamt 18404 Menschen aus Theresienstadt nach Auschwitz führten.[39]

Auch die unvollständige Übersicht macht deutlich, daß der größte Teil der Ankommenden sofort in den Gaskammern ermordet wurde.

Nach H.G. Adlers Unterlagen[41] hat von den 18404 Deportierten dieser Transporte nur einer von neun Gefangenen die Selektion und die anschließende Lagerzeit überlebt.

Das von Hella Wertheim genannte Datum (14. Oktober 1944) bezeichnet nach der Quellenlage den Ankunftstag ihres Transportes in Auschwitz. Der Auschwitztransport »Eq« mit Ida und Hella Sass mit den Nummern 1238 und 1239 war in Theresienstadt mit 1500 Gefangenen am 12. Oktober 1944 abgefahren.[42]

Die Gefangenen dieses Transportes wurden an der Rampe im Konzentrations- und Vernichtungslager Auschwitz II (Birkenau) selektiert. Von den 1500 Deportierten wurden Hella und ihre holländische Kameradin Ellen mit zusammen 320 (bei Czech 242) weiblichen Häftlingen schließlich in den als Durchgangslager bezeichneten Lagerteil BIIc (siehe Übersichtsplan S.50) geführt. Die Zahl der männlichen für die Arbeit im Lager bestimmten Häftlinge aus diesem Transport ist 60. Zu ihnen gehörte

---

39) *Vgl. Adler, Theresienstadt, wie Anmerkung 17, S. 59.*
40) *Zusammengestellt nach Danuta Czech: Kalendarium Auschwitz, Reinbek bei Hamburg 1989, S. 888–920, und Adler, Theresienstadt, wie Anmerkung 17, S. 699 f.*
41) *Vgl. Adler, Theresienstadt, wie Anmerkung 17, S. 59.*
42) *Mitteilung des Archivs des Jüdischen Museums in Prag an Hella Wertheim in einem Brief vom 17. August 1992.*

Tabelle[40]

Abfahrt Theresienstadt	Zahl der Deportierten	Ankunft Auschwitz	Zahl der Deportierten, die nach der Selektion nicht in die Gaskammern, sondern in das Lager gebracht wurden (X = Zahl unbekannt, m = männlich, w = weiblich)
28. 9.	2500	29. 9.	etwa jeder vierte
29. 9.	1500	30. 9.	X m / X w
1.10.	1501	3.10.	X m / X w
4.10.	1500	6.10.	insgesamt mehrere Hundert / X m / 271 w
6.10.	1550	9.10.	mehrere Dutzend m / 191 w
9.10.	1600	12.10.	insgesamt einige Hundert / X m / 181 w
12.10.	1500	14.10.	X m / 242 w
16.10.	1500	18.10.	X m / 157 w
19.10.	1500	20.10.	173 m / 169 w
23.10.	1715	25.10.	X m / 215 w
28.10.	2038	30.10.	217 m / 132 w

das Stoppen und Anfahren der Lastwagen an der nahen holländischen Grenze. Die Lärmempfindlichkeit meines Mannes wurde immer stärker. Er schlief immer schlecht, sprang des nachts bei Störungen plötzlich auf.

Als sie in der Schmiede in den sechziger Jahren unter einem früheren Besitzer dann noch zeitiger am Morgen anfingen, Eisen zu schlagen oder auf einem Amboß zu klopfen und sie sich außerdem einen Wachhund anschafften, der die ganze Zeit kläffte – mein Mann hatte in seiner Lagerzeit in Riga schlimme Erfahrungen mit Hunden gemacht –, gingen meinem Mann eines Tages die Nerven durch. Ich warnte noch, als er den Telefonhörer schon in der Hand hielt: »Überlege Dir, was Du tust! Wenn Du anrufst, hast Du Krach mit der Nachbarschaft!« »Ja«, antwortete er, »das weiß ich wohl, aber ich halte es nicht mehr aus!«

Seit der Zeit bestanden Spannungen zwischen dem früheren Betreiber der Schmiede und uns, die sich dann noch steigern sollten. Wir hatten schon längere Zeit beobachtet, daß die Schmiede auch »Mengele«-Streuwagen an Bauern verkaufte. Die standen die ganze Zeit vorne an der Bundesstraße, bis sie eines Tages einen Wagen direkt vor unsere Ladentür schoben. Unser Laden lag in einer Seitenstraße, eine Seite des Grundstücks der Schmiede lag uns direkt gegenüber. Die Ladentür war aus Glas, und wenn wir hinter der Ladentheke standen, mußten wir ständig auf das unerträgliche Wort hinter dem Zaun auf der anderen Seite der kleinen Straße schauen: Mengele. Das hat furchtbar aufgerührt, ständig auf den Namen des Mannes schauen zu müssen, der meine Mutter und mich in Auschwitz selektiert und sie ins Gas geschickt hatte. Auch meinen Mann, obwohl er selbst in anderen Lagern gewesen war, regte das sehr auf. Als ich das Thema einmal wieder ansprach, ob wir nicht reagieren sollten, sagte mein Mann: »Ich habe es ihnen schon gesagt, aber sie haben nicht darauf reagiert.« Wir empfanden beide, daß das alles kein Zufall war.

Eines Tages kam jedoch eine Kundin in den Laden, die selbst ironisch bemerkte, wie taktvoll es wäre, uns einen Mengele-Wagen direkt vor die Nase zu setzen. Kurze Zeit später wurde der Wagen weggeholt. Er stand dann wieder auf dem Schmiedegrundstück an seinem alten Platz an der Grundstücksgrenze zur Bundesstraße.

Als wir nach der Selektion in Auschwitz auf der anderen Seite standen und warteten, wußten wir auch nicht, was mit uns geschehen würde. Wir waren verhältnismäßig wenige, jüngere Frauen, hauptsächlich Tschechinnen, die dann das Gerücht verbreiteten, daß wir auf einen weiteren »Arbeitertransport« kämen. Nach einer Weile kamen Uniformierte mit aufgepflanzten Bajonetten. Wir mußten uns in Reihen aufstellen und wurden dann einen weiten Weg geführt – nach Auschwitz-Birkenau.

Dort angekommen, wurden wir in eine Baracke geleitet. Wir mußten uns ganz ausziehen. Sie haben uns alles abgenommen, was wir noch hatten. Ein kleines Kettchen, das ich noch hatte, steckte ich mir in den Mund. Sie fanden es nicht. Dann wurden uns die Haare geschoren.

H.G. Adler, der in den Lagerteil BIIe eingewiesen wurde.

Ida Sass, Hellas Mutter, wurde an diesem Tag, dem 14. Oktober 1944, in der Gaskammer des Krematoriums 3 ermordet, denn alle für den Tod bestimmten Gefangenen dieses Transportes, zu ihnen gehörten auch Mutter und Ehefrau von H.G. Adler, wurden zusammen mit insgesamt 3000 Opfern am Tag ihrer Ankunft in der Gaskammer des Krematoriums 3 ermordet.[43]

Stichwort: Cordelia Edvardson

Sie wird

»geboren 1929 in München als Tochter der Schriftstellerin Elisabeth Langgässer. Als das zehnjährige Mädchen den Ariernachweis nicht erbringen kann – ihre Geburt war unehelich, der Erzeuger, der nie ihr Vater wurde, Jude –, wird sie 1939 aus der deutschen Schule geworfen. Zwei Jahre später mußte sie das katholische Elternhaus verlassen, kam in ein jüdisches Krankenhaus nach Berlin-Mitte, 1943 nach Theresienstadt, 1944 nach Auschwitz. 1945 wurde sie vom Internationalen Roten Kreuz nach Schweden ausgeflogen. Über zehn Jahre lang lebte sie in Krankenhäusern. In Stockholm tritt sie in den sechziger Jahren aus der katholischen Kirche aus, in die jüdische Gemeinde ein. Dann beginnt Cordelia eine erstaunliche Laufbahn als bekannte schwedische Journalistin. Als Korrespondentin von ›Svenska Dagbladet‹ im Jom-Kippur-Krieg 1973 entscheidet sie sich für einen Weggang von Skandinavien nach Israel, wo sie seitdem lebt.

Für ihr im Frühjahr 1986 erschienenes Buch ›Gebranntes Kind sucht das Feuer‹ erhält sie den gemeinsam vom Verband Bayerischer Verlage und Buchhandlungen sowie der Stadt München vergebenen Geschwister-Scholl-Preis 1986.«[44]

In ihrer Münchener Rede 1986 nahm Cordelia Edvardson unter anderem auch darauf Bezug, was ihr als Mädchen Literatur und Sprache in Auschwitz bedeutet hatte:

»Gedichte, Bruchstücke von Gedichten, Mythen und Märchen, Augenblicke der heiligen Messe, das war der Ariadnefaden, den mir meine Mutter mit auf den Weg gegeben hatte. Zauberformeln, die mich nährten und zugleich unsichtbar machten, eine verborgene Welt, in der ich, wie ich glaubte, unerreichbar war. Die Welt der deutschen Sprache. Jener deutschen Sprache, die draußen, außerhalb des Stacheldrahtes, verstümmelt, erdrosselt und ermordet wurde, die aber hier bei mir, hinter dem Stacheldraht und den Wachtürmen, geborgen und aufgehoben war.«[45]

Cordelia Edvardson beschreibt in ihrem Buch »Gebranntes Kind sucht das Feuer«[46] ihre Betreuerin

---

43) Vgl. Czech, Kalendarium, wie Anmerkung 40, S. 906 f.

44) Cordelia Edvardsons Kurzbiographie in: Nachdenken über Deutschland. Reden im Rahmen der Veranstaltungsreihe des Kulturreferates der Landeshauptstadt München, der Münchner Kammerspiele und der Verlagsgruppe Bertelsmann während der Jahre 1983 bis 1987, München 1988, S. 501 f.

45) Ebenda, S. 354.

46) Cordelia Edvardson: Gebranntes Kind sucht das Feuer, München, Wien 1986.

Schließlich schmissen sie uns Kleidungsstücke zu, die ich besser als Klamotten bezeichne, aber gestreifte Häftlingsanzüge waren es nicht. Ich erinnere mich noch an einen ganz kleinen Pepitamantel, schwarz und weiß. Bei uns wurde durch einen dicken, weißen Farbstrich hinten auf dem Rücken die zugeworfene Zivilkleidung zur Häftlingskleidung.

Und dann noch diese verflixten Holzpantinen, die wir seitdem tragen mußten.

Ich habe nach der Befreiung nie wieder Holzschuhe getragen. Ich konnte es nicht einmal haben, wenn hier in Gildehaus die Leute damit herumliefen. Gerade nach dem Krieg war das hier an der holländischen Grenze noch gang und gäbe. Ich konnte die verflixten Holzpantinen nicht mehr sehen.

Wir kamen mit den anderen Selektierten aus unserem Transport auch noch in eine Desinfektionsdusche. In Auschwitz bekamen wir weder eine Häftlingsnummer auf der Kleidung, noch wurden wir auf dem Unterarm tätowiert, möglicherweise war von Anfang an geplant, daß für unsere Gruppe, die wir nach der Selektion nicht ins Gas geschickt waren, Auschwitz nur Durchgangsstation sein sollte.

In der Baracke, in die wir schließlich befohlen wurden, trafen Ellen und ich Judith wieder, unsere tschechische Betreuerin aus Theresienstadt. Wir haben wirklich in dem Moment über ihren kahlgeschorenen Kopf gelacht, bis sie sagte: »Ihr seht auch nicht besser aus.«

Wir wußten nicht, was uns geschah. In unserer Baracke wurde ich von einer anderen Gefangenen über die Gaskammern informiert. Auch die Blockälteste sagte es uns. Jeder hatte Angst, als wir aus der Baracke hinausmußten. Die Blockälteste wollte nicht mitgehen, auch sie hatte Angst und glaubte, wir würden ins Gas geschickt. Mehrere Male wurden wir hin- und hergetrieben, mußten die Baracken wechseln, und jedes Mal dachte ich, mein letztes Stündlein hätte geschlagen.

Wenn wir Appell standen, konnten wir die knallrote Rauchfahne des Krematoriums sehen und riechen. Ich sehe noch heute diesen hohen Schornstein vor mir. Vor uns zog manchmal das Mädchenorchester von Auschwitz vorbei, eine Frau mit einer dicken Pauke vorweg. Da spielte das Orchester, wenn die Kolonnen morgens durch das Tor mit der Aufschrift »Arbeit macht frei« zur Arbeit zogen und abends zurückkehrten. So viele Auschwitzhäftlinge mußten Zwangsarbeit leisten, auch die IG Farben hatte in der Nähe ein Werk bauen lassen.

Die Französin Danielle Fénelon hat noch sehr spät über ihre Zeit im Mädchenorchester von Auschwitz ein Buch geschrieben. Ich weiß nicht, ob Vanessa Redgrave, die ja sehr mit den Arabern sympathisiert, die richtige Besetzung für ihre Rolle im Film war.

Unser Bereich in Auschwitz war ein reines Frauenlager. Wir sahen fast keine männlichen Häftlinge. Einmal kam aus der Ambulanzbaracke, als wir wieder Appell standen, ein blutüberströmter Mann heraus, den sie drinnen zusammengeschlagen hatten. Es hieß, er wäre Franzose, von dem sie irgendwelche Informationen haben wollten. Er hätte geschwiegen, und dann hätten

Judith Peitzer, die in Cordelia Edvardsons Augen entscheidenden Anteil am Überleben Cordelias hatte, unter dem Namen »Halinka«. Judita Klaube-rová (geb. Peitzer) lebt heute wieder in ihrer Heimatstadt Brünn.

Stichwort: Die Lagersituation in Auschwitz Ende 1944

Der Begriff Auschwitz ist heute zum Symbol des Völkermords in den Vernichtungslagern des Nationalsozialismus geworden. Der parallel mit dem Begriff Auschwitz verstandene Holocaust bewirkte fundamentale Auseinandersetzungen u.a. in den Bereichen Theologie, Philosophie, Literatur und Geschichte.

Historisch sind für den Lagerkomplex Auschwitz nach Aufbau, Funktion und zeitlicher Entwicklung einige Unterscheidungen vorzunehmen, die bei der hier gegebenen Kürze nur angerissen werden können.

Der erste Lagerkomplex, das als Stammlager bezeichnete Auschwitz I, wurde 1940 erbaut und zunächst mit weiblichen und männlichen Zwangsarbeitern belegt. Das Zentrum des mit Starkstrombezäunung abgetrennten Lagerbereichs mit der Aufschrift »Arbeit macht frei« über dem Tor bildeten 28 doppelstöckige rote Backsteingebäude, die als Blocks durchnumeriert waren. Durchschnittlich lebten hier unter katastrophalen Verhältnissen 18 000 Häftlinge, die zudem Zwangsarbeit leisten mußten. Das Giftgas Zyklon B wurde hier zum ersten Mal an russischen Kriegsgefangenen erprobt.

Unter dem Aspekt der Zwangsarbeit wurden zunehmend bei Industriebetrieben der näheren und weiteren Umgebung, die wie das IG Farben Buna-Werk teilweise auch für diesen Zweck in Lagernähe erbaut wurden, Außenlager für Häftlinge errichtet. Zuletzt bestanden 39 Außenkommandos, das größte stellte das Außenlager Monowitz dar.

Die im Zuge des Völkermords an den europäischen Juden nach Auschwitz deportierten Juden wurden in das ab Oktober 1941 errichtete Arbeits- und Vernichtungslager Auschwitz II (Birkenau) gebracht und dort – wie von Hella Wertheim beschrieben – direkt an der Rampe entweder für den Tod in den Gaskammern oder für die Einweisung in eines der Lager bestimmt. Die Opfer wurden in Krematorien verbrannt. Während des Jahres 1943 lebten bis zu 100 000 Häftlinge in den symmetrisch angeordneten 250 Holz- und Steinbaracken von Auschwitz II (Birkenau).

Nachdem die Gesamtzahl der Gefangenen, die sich durch die Verhältnisse ständig änderte und – die die in Gaskammern geschickten Opfer nicht berücksichtigt – im August 1944 einen Höchststand mit über 150 000 Gefangenen erreichte, befanden sich die Lager von Auschwitz angesichts der vorrückenden Roten Armee im Oktober/November 1944 bereits in einer Phase der stufenweisen Auflösung:

– Nach großen Selektionen wurden aus dem Lagerbereich verstärkt kranke und als arbeitsunfähig erachtete Gefangene in die Gaskammern geführt.

– Andere Gefangene wurden zunehmend von Auschwitz in Konzentrationslager ins Innere des Reiches deportiert. So deportierte man z.B. aus demselben Lagerabschnitt BIIc (siehe Übersichtsplan S. 50), in dem sich zu der Zeit auch Hella Sass befand (wahrscheinlich am 28. Oktober 1944), auch Anne und Margot Frank (zusammen mit 1308 Jüdinnen) nach Bergen-Belsen.

sie ihn richtig zusammengeschlagen. Ein andermal gingen wir in der Kolonne an einer Frau vorbei, die kniete auf dem Boden und ihre Arme waren auf dem Rücken zusammengebunden. Ellen meinte zu mir, daß das eine besondere Form von Bestrafung gewesen sei. Ich selbst bin auch einmal schlimm geschlagen worden, als es dem Kapo beim Umziehen von einer Baracke in die nächste nicht schnell genug ging. Die weiblichen Kapos, das waren schlimme Weiber. Oder man mußte zur Latrine über die Lagerstraße, und die Aufseherin knallte mir eins ins Gesicht. Selbst die Blockältesten waren nicht viel besser. Die haben schon richtige Kapodienste übernommen. Sie wollten sich bei den SS-Leuten einschmeicheln und waren zu uns um so gemeiner.

An einem schönen, hellen Morgen standen wir wieder einmal Appell. Auf einmal wurde der Name Judith Peitzer aufgerufen, meine tschechische Betreuerin aus Theresienstadt. Sie war überrascht. Wie ich von ihr später erfuhr, hatte Cordelia sie rufen lassen. Cordelia war einige Transporte vor uns von Theresienstadt nach Auschwitz deportiert worden. Sie war auf die Schreibstube gekommen, hatte Einsicht in die Transportlisten und so den Namen Judiths gesehen, die ja auch Cordelias Betreuerin gewesen war. Ich weiß nicht, wie es möglich war, sie haben sich mehrmals abends treffen können, und Cordelia hat Judith mehrmals Brot oder etwas anderes Eßbares zugesteckt. Judith hat mir dann noch erzählt, daß sich Cordelia mit Judith über Literatur unterhalten wollte. Judith wunderte sich damals, wie einem unter diesen Umständen der Kopf danach sein konnte? Heute kann man das vielleicht besser verstehen.

Cordelia hat überlebt, und sie empfindet bis heute, daß Judith einen entscheidenden Anteil daran hat. Als die beiden nun durch Cordelias Buch nach so langen Jahren wieder in brieflichen Kontakt miteinander kamen, lud Cordelia aus Dankbarkeit die heute in Brünn lebende Judith zu sich nach Israel ein.

Wir bekamen in Auschwitz nicht viel zu essen. Morgens einen ganz dünnen Kaffee und trockenes Brot. Und ansonsten jeden Tag dünne Kohlsuppe. Ich hatte immer Hunger in den Lagern.

Man hat dem Essen – so sagten wir uns damals – Brom zugegeben, wir bekamen, wie auch schon in Theresienstadt, keine Regel.

Wir hatten, wie gesagt, ständig Angst, ins Gas geschickt zu werden. Aber an Flucht dachte ich auch hier nicht. Das wäre bestimmt der sichere Tod gewesen. Ich hoffte, lieber noch eine schlimme Zeit zu haben, aber hoffentlich doch zu überleben und eines Tages befreit zu werden.

Ich war auch nicht so mutig, über Flucht wirklich nachzudenken.

Eines Abends hieß es plötzlich wieder: »Antreten! Antreten!« Wir mußten alle raus aus der Baracke. Es war schon dunkel, und sie führten uns erneut weg. Ich bekam wieder große Angst. Bis wir schließlich in eine Baracke geführt wurden, wo wir uns auf die Bettstellen legen sollten. Die Baracke war schon mit gefangenen Russinnen belegt, die auf mich ziemlich unheimlich wirkten. In gebrochenem Deutsch erkundigten sie sich nach uns.

– In dieser Zeit ankommende und für den Arbeitseinsatz ausgewählte Gefangene wie Hella Sass wurden in den Lagerbereich BII in Auschwitz II (Birkenau) eingewiesen, der nun größtenteils als Durchgangslager diente und in dem die neu eingewiesenen Gefangenen nicht mehr registriert wurden. So ist auch zu erklären, daß Hella Sass nicht wie sonst üblich eine Häftlingsnummer eintätowiert wurde.

– Zumeist aus dem Durchgangslager wurden fast täglich Transporte für den Arbeitseinsatz in anderen Lagern zusammengestellt. Nach Angaben des österreichischen Historikers Severin Heinisch[47] wurde die Selektion für den Transport in das Frauenkonzentrationslager Lenzing durch den SS-Arzt Dr. Mengele am 31. Oktober vorgenommen. Der Transport, in dem sich u.a. Hella Sass, ihre holländische Freundin Ellen sowie ihre frühere tschechische Betreuerin aus Theresienstadt, Judith Peitzer, befanden, traf am 3. November 1944 in Lenzing ein. Somit befand sich Hella Sass wahrscheinlich 17 oder 18 Tage in Auschwitz. Zu

dem von Hella Wertheim beschriebenen Hin und Her in Auschwitz mag auch gehören, daß in diesem Zeitraum häufig Häftlinge in den Bereich BIIe verlegt wurden, der zu einem »Transportlager« wurde, wo Transporte in andere Konzentrationslager zusammengestellt wurden.

– Insgesamt hatte sich die Zahl der weiblichen Häftlinge im Lager Auschwitz II (Birkenau) einschließlich der Häftlinge im Durchgangslager am 31. Oktober 1944 auf 23 469 Frauen verringert.

– Die SS begann auch in dieser Zeit, die Spuren der Verbrechen zu verwischen: Am 20. Oktober 1944 wurden aus Auschwitz I mit zwei Taxis Häftlingsdokumente zum Verbrennen in ein Krematorium von Birkenau gebracht.

– Wahrscheinlich am 2. November 1944 wurde das Morden in den Gaskammern eingestellt. Selektierte Häftlinge wurden fortan erschossen.

(Vor der Befreiung des Lagers am 27. Januar 1945 hatte die SS noch die technischen Anlagen der Gaskammern demontiert und die großen Krematorien gesprengt; die Inhalte der Magazine wurden abtransportiert oder niedergebrannt und einige Baracken zerstört. Von den letzten Häftlingen wurden jene, die als gehfähig befunden wurden, »evakuiert«. Diese Todesmärsche in das Innere des Reiches bedeuteten noch für viele entkräftete Häftlinge kurz vor einer möglichen Befreiung das Ende. Etwa 7000 Häftlinge erlebten die Befreiung im Lager.)

– Am 4. November 1944 wurde das Durchgangslager BIIc aufgelöst; die 696 noch verbliebenen Jüdinnen wurden in das Frauenlager von Auschwitz II eingewiesen.[48]

Insgesamt kamen in Auschwitz etwa 1,5 Millionen Menschen um.

Auch in Auschwitz ist die in östlichen Standardwerken und im heutigen Museum bisher angebene Zahl von vier Millionen Opfern inzwischen dahingehend korrigiert worden.[49]

47) Severin Heinisch: Die Lenzing AG und das Dritte Reich, in einem Vortrag am 15. März 1990 in der Technischen Universität Graz.

48) Vgl. für Auschwitz neben den bisher zitierten Werken von Czech Kalendarium, wie Anmerkung 40, und Adler, verwaltete Mensch, wie Anmerkung 2, das Standardwerk von Raul Hilberg: Die Vernichtung der europäischen Juden, aus dem Amerikanischen, 1961, Frankfurt am Main 1990, Bd. 2, S. 945 ff.
Für die räumliche Orientierung und Veranschaulichung des Lageralltags dienen Kazimierz Smolen: Auschwitz 1940–1945. Ein Gang durch das Museum, o.O. 1978 und Josef Busko und weitere Autoren: Auschwitz. Faschistisches Vernichtungslager, Warschau 1981.
Aus der Reihe der Publikationen von Überlebenden von Auschwitz seien die Erinnerungen genannt von Fania Fénelon: Das Mädchenorchester in Auschwitz, aus dem Französischen, 1972, Frankfurt am Main 1980 und Wieslaw Kielar: Anus Mundi. Fünf Jahre Auschwitz, aus dem Polnischen, 1972, Frankfurt am Main 1972.

49) Vgl.: Neue Inschriften im Auschwitz-Museum, in: Hannoversche Allgemeine Zeitung, 4. Juni 1992, S. 2.

Und auf einmal fingen die Russinnen an, ihre Volkslieder zu singen. Ich werde nie diese schwere, getragene Melodie von »Kalinka« vergessen, in dieser Umgebung dieses Lied.

Noch jedes Mal, wenn sie in den letzten Jahren das Lied »Kalinka« im Fernsehen gesendet haben, bekam ich eine Gänsehaut, lief es mir heiß und kalt über den Rücken. Mein Mann hat dann schon immer schnell abgeschaltet, weil er wußte, daß ich das nicht gut verkraften konnte.

Am nächsten Morgen wurden wir wieder hinausgetrieben, warteten vor der nächsten Baracke, und dann kam ein neuer Befehl, wir mußten dann doch woanders hin. Schließlich gelangten wir in eine leere Baracke, wo wir auf dem nackten Zementfußboden lagen, vielleicht wußten sie selbst nicht, wohin mit uns. Dann hieß es wieder, es käme eine erneute Selektion. Wir mußten uns nackt ausziehen. Eine nach der anderen mußten wir wieder an dem Arzt vorbei. Ich bin ziemlich sicher, daß er derselbe wie bei der ersten Selektion war, Dr. Mengele. Es wurde dieses Mal niemand herausgeholt. Wir durften unsere Sachen wieder anziehen.

Ich kann nicht genau sagen, wie lange ich in Auschwitz war. Bei diesem ständigen Hin und Her hatte ich das Zeitgefühl verloren. Es war Ende Oktober oder Anfang November, als wir für einen »Arbeitertransport« in einen Güterzug gepfercht wurden. Jedem aus unserem Transport gab man vor der Abfahrt aus einer Holzkiste ein Kommißbrot mit auf die Fahrt ins Ungewisse.

Auschwitz ist zu einem Symbol der Vernichtung der Juden geworden. Ich war nur eine relativ kurze Zeit dort und habe überlebt. Aber meine Mutter habe ich dort verloren. Und mich hat es auch für mein Leben geprägt, es war furchtbar schlimm.

Ich verstehe bis heute nicht, warum die Engländer oder Amerikaner Auschwitz nicht bombardiert haben. Dresden konnten die Engländer bombardieren, warum konnten sie nicht ein paar Kilometer, eine halbe Flugstunde, weiterfliegen? Die Engländer und Amerikaner wußten doch, was in Auschwitz geschah und wo es genau lag. Dann wäre diese Mordmaschinerie Auschwitz doch zu Ende gewesen.

In dem Zug, der sich in Bewegung setzte, befand sich eine durcheinandergewürfelte Gruppe von jüdischen Frauen aus verschiedenen europäischen Ländern, viele Frauen und Mädchen aus Ungarn, einige Polinnen, Tschechinnen, Russinnen, Holländerinnen, ein paar Französinnen und Deutsche. Aus dem Zug, mit dem wir in Auschwitz angekommen waren, waren nur noch wenige dabei. Aber wir drei – Judith, Ellen und ich – lebten noch und saßen nun in demselben Güterwagen.

Stichwort: KZ-Arzt Dr. Josef Mengele

Der 1911 geborene Josef Mengele wechselte 1934 vom Stahlhelm zur SA, trat später der NSDAP und der SS bei. Schon auf der Universität hatte er sich als überzeugter Anhänger der NS-Rassenideologie hervorgetan. Bezeichnend dafür sind auch die Themen seiner Doktorarbeiten: »Rassenmorphologische Untersuchung des vorderen Unterkieferabschnitts bei vier rassischen Gruppen« und »Sippenuntersuchungen bei Lippen-Kiefer-Gaumenspalte«. Er war Mitglied des »Institut(s) für Erbbiologie und Rassenhygiene«. Nach Einsätzen als Sanitätsoffizier und bei der Waffen-SS kam er, nach einer Verwundung hochdekoriert, 1943 freiwillig als Lagerarzt nach Auschwitz. Neben der in der Darstellung Hella Wertheims zum Ausdruck kommenden Tätigkeit der »Selektionen« widmete sich Mengele in Auschwitz in seinem Sinne medizinischen und anthropologischen Forschungen an Häftlingen, insbesondere an Zwillingen.

Bei diesen auch von anderen Ärzten vorgenommenen brutalsten Experimenten an Menschen wurden der Tod von Häftlingen durch Phenolinjektionen herbeigeführt oder der Tod bzw. schwerste Gesundheitsschädigungen der Häftlinge bewußt in Kauf genommen.[50]

Zwischen 1945 und 1950 lebte Mengele unbehelligt in seiner Heimatstadt Günzburg, wo sein Vater seit der Jahrhundertwende eine Fabrik für landwirtschaftliche Maschinen aufgebaut hatte. Als Mengeles Name in verbrecherischen Zusammenhängen bei Naziprozessen zunehmend genannt wurde, flüchtete Mengele 1951 mit Hilfe der Alt-Nazi-Fluchtorganisation »Odessa« nach Italien und von dort über Spanien nach Lateinamerika. Versorgt mit einer Reihe gefälschter Papiere, begann er 1952 als Arzt in Buenos Aires unter dem Namen Friedrich Edler von Breitenbach zu praktizieren. Verschiedene Auslieferungsanträge der deutschen Regierung zwischen 1954 und 1960 wurden von der argentinischen Regierung abgelehnt.

Die Frage, warum südamerikanische Regierungen deutsche Nazis unbehelligt ließen und sie nicht auslieferten, läßt sich insgesamt in drei Begründungskomponenten darlegen:

Teilweise wurde dem deutschen faschistischen System offene Sympathie bekundet,

teilweise wurde von südamerikanischen umsturzgefährdeten Diktatoren oder Regierungen das Asylrecht im eigenen Interesse hochgehalten und beachtet,

und außerdem wollte man mit einer Auslieferung keinen Präzedenzfall schaffen, der komplizierte Folgewirkungen nach sich gezogen hätte.

Im Jahre 1959 veränderte sich Mengele nach Paraguay, wo er innerhalb einer Woche die Staatsangehörigkeit dieses Landes zugesprochen bekam. Mengele kehrte dann nach Argentinien zurück, nahm seinen Wohnsitz allerdings nun nahe der chilenischen Grenze, um im Bedarfsfall sich leicht dorthin absetzen zu können. Als Argentinien endlich 1960 einen Haftbefehl gegen ihn erließ, setzte sich Mengele erneut nach Paraguay ab.

Anläßlich der Beerdigung seines Vaters gelang es Mengele, ohne in Deutschland verhaftet zu werden, in seine Heimatstadt Günzburg zurückzukehren. Er wurde dabei für mehrere Tage im »Internat der Englischen Fräulein« beherbergt, auch sonst wurde er in Günzburg aufgenommen und erkannt, ohne daß dies den entsprechenden Stellen gemeldet wurde.

Mengele kehrte dann nach Paraguay zurück. Ein

---

50) *Vgl. die ausführliche Studie über Mengele durch Robert Jay Lifton: Ärzte im Dritten Reich, aus dem Amerikanischen, 1986, Stuttgart 1988, S. 393 ff.*

Frauenkonzentrationslager Lenzing – Zwangsarbeit

Wohin es ging, sagte man uns nicht. Eingepfercht in den Viehwaggon erlaubten dünne Ritzen aber doch, daß wir eine gewisse Orientierung erhielten. Durch Mährisch-Ostrau fuhren wir, und in St. Pölten bei Wien hielt der Zug für eine Weile. Und als wir schließlich am Ende unserer Kräfte – ich weiß nicht mehr, ob auch diese Fahrt Opfer gefordert hatte – in Lenzing ankamen, da atmete ich doch ein klein wenig auf. Vielleicht würde es hier doch etwas besser werden, so friedlich und landschaftlich einnehmend lag die kleine österreichische Stadt Lenzing zwischen den Bergen unweit des Attersees. Die Sonne schien an diesem Tag, an dem wir aus Auschwitz ankamen.

Als Behausung für die jüdischen Arbeiterinnen diente die Halle einer alten Papierfabrik, die nun eingezäunt und von der SS bewacht war. Stockbetten waren aufgestellt, zu zweit lagen wir auf Strohsäcken nebeneinander, dann wieder zwei entgegengesetzt mit den Füßen zu uns. Insgesamt waren hier etwa 500 Mädchen und Frauen untergebracht.

Wir bekamen in diesem Außenlager von Mauthausen eine Häftlingsnummer. Ich erhielt die Nummer 827, wie es auf meiner Streifenjacke zu sehen ist, die ich bis heute aufbewahrt habe.

Am nächsten Morgen wurden wir um drei Uhr rausgejagt, und so sollte es fast an jedem weiteren Tag sein. Die nächsten zwei Stunden vergingen mit Appell, Waschen und einem dürftigen Frühstück, von dem ich besonders die dünne Kaffeebrühe in Erinnerung behalten habe. Um fünf Uhr dann Antreten in Fünferreihen. Der Marsch zur Arbeit von unserem Lager an einem kleinen Wasserlauf bis zu unserer Arbeitsstätte, der Zellulosefabrik in Lenzing, dauerte fast eine Stunde. Im Morgengrauen zog unsere Kolonne der Gefangenen in ihren blau-grau gestreiften Häftlings-anzügen zur Arbeit, rechts und links von den SS-Männern mit ihren aufgesteckten Bajonetten begleitet.

Eines Morgens ereignete sich eine schreckliche Tragödie, für die unsere Wachen aus der SS die Verantwortung tragen. Immer hatten wir auf unseren Märschen zu und von der Arbeit einen unbeschrankten Bahnübergang zu überqueren. An jenem Morgen ist es passiert. Anstatt die Kolonne anzuhalten, ließ die SS sie weitermarschieren, so daß ein Zug direkt in unsere Kolonne hineinfuhr. Eine ganze Fünferreihe, Tschechinnen, wurde von der Lokomotive erfaßt. Vier Frauen waren sofort tot, eine weitere war schrecklich zugerichtet. Sie starb kurze Zeit später in der Ambulanz.

Bei uns hat dieses Erlebnis eine unvergeßliche Wut ausgelöst.

Der Arbeitstag, egal was wir in der Zellwollfabrik zu tun bekamen, dauerte immer zwölf Stunden, von sechs Uhr morgens bis sechs Uhr abends. Der einzige Wechsel bestand darin, daß wir manchmal nachts arbeiten mußten.

In dieser Zellwollfabrik, in der wir unter anderem Uniformstoffe für die »Wehrmacht« vorberei-

Ersuchen der Bundesregierung auf Auslieferung im Jahre 1962 wurde mit der Begründung abgelehnt, Mengele sei Staatsbürger von Paraguay und habe kein kriminelles Vorleben. Ab 1964 lebte Mengele in einer verbotenen Militärzone im Osten Paraguays.

Am 7. Februar 1979 ertrank Mengele bei Sao Paulo bei einem Badeausflug. Ob Mengele tatsächlich tot ist, wie es nach dem Bekanntwerden des Todes im Jahre 1985 eine qualifizierte Expertenkommission eindeutig bestätigte, oder ob dies, wie Simon Wiesenthal es vermutet, ein inszenierter Vorwand war, um weiteren Verfolgungen zu entgehen, blieb lange ungewiß. Wiesenthal kann in seinen Lebenserinnerungen eine Reihe von Ungereimtheiten für den Tod Mengeles anführen, die an dessen Tod tatsächlich zweifeln lassen. Inzwischen steht der Tod Mengeles nach einer Arbeit britischer Wissenschaftler, die genetisches Material der Leiche untersucht und verglichen hatten, zu »99,97 prozentiger Wahrscheinlichkeit« fest. Das Ergebnis wird auch vom israelischen Justizministerium anerkannt.[51]

---

51) Vgl. dazu die dpa-Meldung vom 8. April 1992; dieses Stichwort im wesentlichen Teilen nach Simon Wiesenthal: Recht, nicht Rache, Frankfurt am Main – Berlin 1988, S. 138 ff.

teten, gab es fast gar keine normale Belegschaft mehr. Den Großteil der Arbeiterschaft machten neben uns Mädchen und Frauen, die wie wir aus Auschwitz gekommen waren, Männer aus, die als Kriegsgefangene oder »Fremdarbeiter« hier zum Arbeitseinsatz gezwungen waren. Franzosen, Griechen, Russen, aus vielen besetzten Ländern arbeiteten hier Gefangene, die neben uns in einem »Fremdarbeiterlager« untergebracht waren.

Österreicher und Deutsche fanden sich im Betrieb fast nur auf der Seite der Aufseherinnen und der Meister, die unsere Arbeit überwachten. Ein Zivilmeister, mit dem wir es zu tun hatten, kam aus Köln. Ellen, die selbst hochdeutsch sprach, aber deren Mutter aus Meckenheim bei Köln stammte, erkannte sofort den Kölner Dialekt des Meisters, während ich als junge Ostpreußin dessen Sprache überhaupt nicht einordnen konnte. Einmal muß sich Ellen etwas länger mit ihm unterhalten haben, er hat ihr auch etwas zugesteckt, so daß sie sogar ein Stückchen Brot mit mir teilte. Es gab auch Aufseherinnen im Werk, die uns manchmal ein Stückchen Brot zusteckten, eine dunkelhaarige Aufseherin gab einer Mitgefangenen sogar einmal ein Ei. Aber das Verhalten der anderen war doch so, daß wir immer Angst vor ihnen hatten, besonders wenn man Probleme hatte, mit seiner Arbeit zurechtzukommen.

Zellwolle wird hergestellt aus Zellulose, die man aus Holz gewinnt. Die angelieferte Zellulose wurde zerkleinert und mit Natronlauge und Schwefelsäure angereichert. Ich arbeitete zumeist am Spinnband, wo eine etwa drei Meter breite Maschine mit 55 Düsen an jeder Seite erst in das Spinnbad tauchte und dann die Spinnmasse über ihre vielen Arme durch diese Düsen drückte, wodurch die Fäden entstanden.

Man drohte mir mit der Todesstrafe, wenn ich einmal einen Fehler machen würde. Und manchmal funktionierten die Düsen nicht, waren verklebt. Wenn ich nicht mehr zurechtkam, da blieb mir nichts anderes übrig, als mir ein Herz zu fassen und zu einem Meister zu gehen und um Hilfe zu bitten. Sollte ich mich an einen russisch sprechenden Meister, einen Kollaborateur der Deutschen, oder an den österreichischen Meister wenden, von dem ich auch wußte, daß er »nicht in Ordnung« war, wie wir es ausdrückten. Der Österreicher packte mich am Kragen und sagte: »Dir gelingt aber auch nichts!« Aber dann kam er doch mit und reparierte das Teil. »So, jetzt soll es wohl klappen, sieh mal zu, daß du fertig wirst!« Die Meister waren oft radikal, in diesem Falle war es für mich glimpflich ausgegangen.

Oft genug zogen mir die Schwefeldämpfe in die Augen, daß ich stundenweise blind wurde. Alle waren unfreiwillig hierher gekommen, aber die »Fremdarbeiter« bekamen wenigstens Schutzbrillen oder Schutzanzüge, uns gab man nichts zum Schutz der Augen. Wenn ich wieder einmal blind geworden war und nicht weiterarbeiten konnte, kam ich in die Ambulanz im ersten Stock. Dort wartete ich dann darauf, daß die Wirkung der Schwefelsäure nachließ. Den Arzt dort in der Ambulanz empfand ich als anständig. Wenn es auf das Ende der Arbeitszeit zuging, etwa eine Stunde vor Schluß, und meine Augen sich wieder erholt hatten, dann sagte er: »Bleib liegen, du

Stichwort: Frauenkonzentrationslager Lenzing

In der Nähe des Attersees in Österreich wurde von den Nationalsozialisten im Herbst 1944 in zwei Gebäuden der ehemaligen Papierfabrik Pettighofen ein Frauenkonzentrationslager eingerichtet, das als Nebenlager Lenzing dem Konzentrationslager Mauthausen zugeordnet war. Die am 3. November 1944 auf dem Bahnhof Lenzing in Viehwaggons eintreffenden Frauen und Mädchen sollten in der Zellwolle und Papier AG Lenzing Zwangsarbeit leisten. Der Transport, in dem sich auch Hella Wertheim befand, war nachweislich am 31. Oktober 1944 vom Lagerarzt in Auschwitz, Dr. Mengele, zusammengestellt worden.

Die über 500 Frauen und Mädchen mußten sich in der großen Halle der ehemaligen Papierfabrik am Flüßchen Ager selbst ihre zweistöckigen Holzpritschen bauen. Im Januar 1945 kam ebenfalls aus Auschwitz ein weiterer Transport an, im April 1945 war das Lager mit 565 weiblichen Häftlingen belegt.

Für die Verpflegung war eine tägliche Menge von 1000 Kalorien vorgesehen. Durch den Arbeitseinsatz im Lager selbst, beim Straßenbau oder dem Bau von Luftschutzbunkern, vor allem aber durch die oft gesundheitsschädigende Arbeit in der Zellwollfabrik verschlechterte sich der Zustand der Häftlinge. Aus Angst, daß Arbeitsunfähigkeit ihr Todesurteil bedeuten könnte, suchten die Häftlinge das im Lager völlig unzulänglich eingerichtete »Krankenrevier« wenn irgendmöglich nicht auf.

Als besonders schlimm wurde der tägliche Marsch von dem Lager in die Fabrik empfunden. In der Erinnerung der Häftlinge, wie sie in dem Vorermittlungsverfahren der Zentralstelle zur Aufklärung von NS-Verbrechen in Ludwigsburg zum Ausdruck kommt[52], wird dies besonders deutlich. Der Weg fiel besonders im Schnee so schwer, weil dieser an den Holzschuhen der Häftlinge haften blieb. Die in Fünferreihen marschierenden Frauen und Mädchen in ihren blau-grau gestreiften Häftlingsanzügen wurden jeweils von etwa einem Dutzend SS-Aufseherinnen und Aufsehern mit Hunden vorwärtsgetrieben. Wie auch im Lager selbst erfolgten dabei Demütigungen, Mißhandlungen und Grausamkeiten. Als sich zum Beispiel eine Gefangene einmal bückte, um den fortgeworfenen Apfelrest einer Aufseherin aufzunehmen, wurde sie brutal zusammengeschlagen. Eine weitere Gefangene berichtet davon, daß eine Aufseherin sofort zur Pistole griff, als Gefangene unterwegs sich vor Hunger etwas Gras pflückten.

Die Schilderung des von den Wachmannschaften herbeigeführten Unglücks am Eisenbahnübergang, bei dem von den Wachmannschaften fünf Frauen in den Tod getrieben wurden, entspricht der Darstellung anderer Häftlinge:

> »Die erste Fünferreihe wurde vom Zug überfahren und weitergeschliffen (gemeint: weitergeschleift, M.R.). Für kurze Weile entstand Hysterie in den vorderen Reihen, doch wir mußten weitermarschieren zur Schicht. Erst nach der Rückkehr von der Arbeitsschicht sah ich die zerfleischten Leichen in Decken gehüllt im Lager am Gebäude.«[53]

Ein dreizehnjähriges, ebenfalls inhaftiertes Mädchen berichtet davon, daß sie später mit anderen Häftlingen an der Unglücksstelle Leichenteile einsammeln mußte: »Damals sah ich auch die Schuhe der Überfahrenen, in

52) *Zentrale Stelle der Landesjustizverwaltung zur Aufklärung nationalsozialistischer Gewaltverbrechen, Ludwigsburg, Vorermittlungsverfahren betr. das Nebenlager Lenzing des KL Mauthausen, IV 419 AR-Z 287/77.*
53) *Ebenda.*

gehst dann nachher mit den anderen nach Hause!« oder: »Bleib liegen, das lohnt sich ja gar nicht mehr runterzugehen!«

Meine ehemalige Betreuerin aus Theresienstadt, die nur wenige Jahre ältere, inzwischen eher zur Freundin gewordene Judith Peitzer stand an der Schneidemaschine. Die Fäden aus den Düsen wurden zusammengefügt, aus 110 Fäden ergab sich ein breites Band, das dann zur Schneidemaschine lief. Hier wurde das Band geschnitten, wobei sich meine Freundin einmal ein Stück vom kleinen Finger abhackte.

Nach der Bearbeitung des Materials in riesigen Behältern, den Trockenapparaten, waren Flocken entstanden, die äußerlich denen von Schafswolle glichen. In der Packerei, wo ich nur kurz arbeitete, wurde das Produkt zu Riesenballen gepreßt und auf Karren verladen. Mit der Bahn wurde es dann zu den Spinnereien weitertransportiert.

Ist es eine Ironie des Schicksals, daß ich mich nach dem Kriege, als wir knapp vierzig Jahre lang unser kleines Textilgeschäft in dem schönen Ort Gildehaus führten, wieder mit diesen Fragen beschäftigte? In einer Fachzeitschrift las ich, daß die heutige Lenzing AG eine neuartige Modalfaser herausgebracht hat, die in Verbindung mit Baumwolle verarbeitet wird, so daß die Textilien insgesamt knitterärmer werden. Dabei soll die Lenzing AG führend in Europa sein. Ich erfuhr später auch, daß sie heutzutage mit der Firma Nino in unserer Kreisstadt Nordhorn

Essensschale und abgenutzter Holzlöffel Hella Wertheims aus dem
Frauenkonzentrationslager Lenzing in Österreich

denen noch Fußteile steckten. Diesen Eindruck vermag ich nicht zu vergessen.«[54]

Schließlich mußten im Lager den Leichen die Goldzähne ausgeschlagen werden.[55]

Stichwort: Die Zellwolle Lenzing AG

Die 1938 gegründete Lenzing AG, heute eines der bedeutendsten europäischen Unternehmen für die Herstellung künstlich gewonnener Fasern, spiegelt in der Zeit des Nationalsozialismus unter mehreren Gesichtspunkten wesentliche Elemente nationalsozialistischer Ideologie und Wirtschaftspolitik wider.

– Autarkiestreben:

Mit dem 1936 proklamierten Vierjahresplan der Nationalsozialisten sollte zum einen die Aufrüstung verstärkt vorangetrieben und die deutsche Armee kriegsfähig gemacht werden. Auch die deutsche Wirtschaft sollte in dem betreffenden Zeitraum auf einen Krieg vorbereitet sein. Dazu gehörte nicht nur der Bereich der Rüstungsindustrie, vielmehr sollte auch massiv im Sinne einer möglichst autarken Wirtschaft der Ausbau vom Ausland unabhängiger Rohstoffverfahren betrieben werden. Wesentliche Bereiche waren dabei u.a. der Ausbau der deutschen Erzförderung, der (auch synthetischen) Treibstoffgewinnung, der synthetischen Gewinnung von Kautschuk und die verstärkte Viskoseproduktion, um die Abhängigkeit von der Baumwolleinfuhr zu verringern. Bereits 1936, zwei Jahre vor dem »Anschluß« Österreichs, war auch Österreich als künftiger Standort für bedeutende Industriezweige in diese Planungen miteinbezogen. Die 1938 direkt nach dem »Anschluß« gegründete Zellwoll AG in Lenzing ist dafür ein Beleg.

– Enteignung / »Arisierung«:

Der besitzmäßige Zugriff auf die in dieser Region bereits bestehenden Papiermühlen und Zellstoffwerke durch die Thüringische Zellwolle AG erfolgte ohne Zustimmung der eigentlichen Besitzer. Vielmehr wurde die als jüdische Firma bezeichnete Bunzl & Biach AG in Form einer als Kauf getarnten Enteignung »arisiert«.

– Zwangsarbeit durch »Fremdarbeiter«:

Schon beim Bau des neuen Werkes, der 1938 begann, wurde eine große Zahl der rund 2000 Arbeiter aus dem Reich und später aus den besetzten Gebieten angeworben oder zwangsverpflichtet. Während des Krieges wurde ein wesentlicher Teil der Produktion durch sogenannte »Fremdarbeiter« bestritten. Am Ende des Krieges betrug der Anteil ausländischer Zwangsarbeitskräfte über die Hälfte der Belegschaft. Zwangsverpflichtete und Kriegsgefangene aus Polen, Bulgarien, Jugoslawien, der Sowjetunion, der Slowakei, Griechenland und Frankreich stellten ein Kontingent von insgesamt etwa 1200 Arbeitskräften, die in Lenzing ausgebeutet wurden. Bei der insgesamt menschenunwürdigen Behandlung durch Diskriminierung, unmenschliche Arbeitsbedingungen, mangelnde oder fehlende Entlohnung und Unterbringung in geschlossenen Lagern in Pettighofen, wurde bei den »Fremdarbeitern« entsprechend der nationalsozialistischen Rassenideologie weiter abgestuft, wobei demgemäß die osteuropäischen Kriegsgefangenen den schlechtesten Bedingungen unterworfen waren.

– »Vernichtung durch Arbeit«:

Noch schlechter war es um die oben nicht einbezo-

---

54) *Ebenda.*
55) *Die noch nicht publizierten Hinweise über das KZ Lenzing stellte freundlicherweise Severin Heinisch zur Verfügung.*

zusammenarbeitet. Dort wird in den Spinnereien bei der Herstellung der Oberhemdenstoffe die Lenzinger Modalfaser hinzugegeben, damit die Hemden in etwa bügelfrei werden.

Aber als ich das erste Mal hier in Gildehaus einen Lastwagen aus Lenzing sah, war ich natürlich sehr überrascht. Einmal beim Putzen des Schaufensters vor unserem Laden, der nahe bei der Durchgangsstraße liegt, entdeckte ich einen Wagen aus Lenzing, und ich lief sofort hinein zu meinem Mann: »Du mußt Dir einmal vorstellen, was für ein Auto ich gerade gesehen habe!«

Damals haben wir gefangene Mädchen manchmal ein paar Strähnen der Zellwolle »mitgehen« lassen. Der Werkschutz in seinen blauen Uniformen, der auch unseretwegen aufpaßte, hatte ursprünglich die Aufgabe, dafür zu sorgen, daß die Produktionsweise der Zellwolle geheim blieb. Aus diesen mit in unser Lager geschmuggelten Strähnen, einem weißen Band, flochten wir für uns kleine Gürtel oder ähnliche Gebinde.

An der Spitze unseres mit Stacheldraht abgetrennten und von der SS bewachten Lagers stand der Lagerkommandant, an dessen Namen ich mich nicht mehr erinnere. Er war nicht einmal der schlimmste. Unmenschlich verhielten sich die Aufseherinnen, die uns schikanierten.

Eines Abends stellten diese Weiber ihre Großmütigkeit heraus: Wir hatten eine holländische Sängerin bei uns im Lager, die einen Liederabend für die Aufseherinnen gestalten sollte. Als die Aufseherinnen sich schon in Positur gesetzt hatten, hieß es, daß wir auch kommen und zuhören durften. Sie war eine gute Sängerin und sang ohne jegliche Begleitung einige Lieder, die uns ergriffen.

Seit dieser Zeit liebe ich »Immer nur lächeln, immer vergnügt!« aus der Operette »Land des Lächelns«. In dieser Umgebung, in dieser Atmosphäre gesungen, es ging ans Herz.

genen Frauen und Mädchen des Konzentrationslagers bestellt, die in zwei oder drei Schichten im Werk eingesetzt wurden. Wie es auch bei der Darstellung Hella Wertheims zum Ausdruck kommt, war von den Frauen harte und besonders in der Viskoseabteilung und in der Spinnerei gesundheitsschädliche Arbeit zu verrichten. Severin Heinisch kommt durch Aktenstudium zu dem Ergebnis:

> »Die Frauen mußten dort ohne Schutzvorrichtungen arbeiten und bekamen im Unterschied zu den Kriegsgefangenen auch keine Milchrationen, die die Entgiftung förderten. Durch den entweichenden Schwefelkohlenstoff kam es zu Augen- und Nervenleiden und zu zeitweiligen Erblindungen.«[56]

Insgesamt ist die Funktion des Frauenkonzentrationslagers Lenzing als Teil der nationalsozialistischen Judenpolitik zu sehen. In Verbindung mit der »Endlösung«, dem Völkermord an den europäischen Juden, stand für die Nationalsozialisten neben der millionenfachen direkten Ermordung in Vernichtungslagern auch die rücksichtslose Ausbeutung der noch Arbeitsfähigen, bei der unter dem Schlagwort »Vernichtung durch Arbeit« der Tod der Betroffenen bewußt einbezogen war. So wurden von der deutschen Industrie Werke entweder wie in Auschwitz in der Nähe der Lager errichtet und betrieben, oder es wurden wie im Falle Lenzing kleinere Lager für bereits bestehende Produktionsstätten errichtet.

Für Lenzing sind auch einzelne Fälle von Hilfsbereitschaft auf Seiten der einheimischen Werksangehörigen belegt.

In seiner einleitenden Einschätzung für die gesamte Thematik des »Ausländer-Einsatzes« beurteilt der Hagener Historiker Ulrich Herbert die Zahlen von 7,8 Millionen Ausländern (Zivilarbeiter und Kriegsgefangene) sowie etwa 500000 zumeist ausländischer KZ-Häftlinge im Arbeitseinsatz:

> »Der nationalsozialistische ›Ausländereinsatz‹ zwischen 1939 und 1945 stellt den größten Fall der massenhaften, zwangsweisen Verwendung von ausländischen Arbeitskräften in der Geschichte seit dem Ende der Sklaverei im 19. Jahrhundert dar.«[57]

---

56) *Severin Heinisch, Vortrag, wie Anmerkung 47; seine Forschungsergebnisse zur NS-Wirtschaftspolitik mit dem Schwerpunkt der Lenzing AG, die er freundlicherweise zur Verfügung stellte, sollen demnächst veröffentlicht werden.*

57) *Ulrich Herbert: »Ausländer-Einsatz« in der deutschen Kriegswirtschaft, 1939–1945, in Bade (Hrsg.), Deutsche im Ausland – Fremde in Deutschland, wie Anmerkung 8, S. 354.*

Befreiung – Irrfahrt – Wieder im Lager

Seit Beginn des Jahres 1945 waren wir sicher, daß die Front immer näher rückte. Vielleicht würden wir doch noch befreit werden. Während der ganzen Kriegsjahre hatten wir kaum Informationen von außen gehabt, aber hier waren die französischen Zwangsarbeiter – ich weiß nicht wie – in Besitz von Zeitungen gekommen, und die hatten sie uns Mädchen einmal zugesteckt. Ich konnte kein Französisch, aber Frauen, die es verstanden, verbreiteten dann den jeweiligen Stand der Frontlinie. In der Nähe des Trockenapparates, ein recht sicherer Ort für Nachrichten und Gerüchte, wenn die Aufseherinnen einmal wegschauten, hörte ich, daß die Front immer näher rückte, und erhoffte, daß der Tag unserer Befreiung doch noch kommen würde.

Die Produktion in der Fabrik hatte eingestellt werden müssen, weil der Nachschub an Zellulose unterbrochen war. Obwohl alles schon dem Ende zuging, ließ man uns weiterarbeiten, beschäftigte uns mit Fensterputzen und sonstigen Reinigungsarbeiten.

Dann kam der Tag, an dem die SS das Lager verließ. Mit ihnen flüchteten die Weiber in den grünen Uniformen. Eine blonde Aufseherin, eine dieser Hyänen, erdreistete sich, vor uns eine letzte Rede zu halten. Sie sprach davon, daß sie sich nun von uns »verabschieden« müßten – als ob sie uns etwas Gutes getan hätten und wir ihr noch Dank schuldeten. Die Karteikarten von uns nahmen sie alle mit, wir blieben da. Unsere Bewachung wurde dem Werkschutz übertragen.

Eine unserer letzten Arbeiten bestand aus dem Ausheben von Gräben. Wir waren ratlos. Es dauerte eine Weile, bis wir merkten, daß wir uns unser eigenes Grab schaufelten. Doch wir wurden gerettet. Der Werkschutz selbst hatte, wohl um sich zu entlasten, die heranrückenden amerikanischen Truppen von der bevorstehenden Aktion benachrichtigt, und eine Vorhut der Amerikaner hatte sich vor den regulären Truppen zu unserer Befreiung aufgemacht.

Ich sehe noch heute die großen Kerle mit ihren Helmen und khakigrünen Uniformen vor dem Tor unseres Lagers stehen. Dann gingen die Tore auf, und wir jubelten ihnen zu. Der Tag unserer Befreiung, der 5. Mai 1945, war so ein schöner Maientag. So lange hatten wir auf diesen Morgen gewartet.

Und morgens um fünf Uhr hatten sie uns noch zur Fabrik gebracht, bevor sie uns gegen neun Uhr wieder zurückgeschickt hatten. Am Morgen noch zur Zwangsarbeit – und nun am späten Vormittag war ich befreit.

Ich drehte mich um und ging in den Saal, wo unsere Holzbetten standen. Ich kauerte auf meinem Bett, ich war abgemagert bis auf die Knochen, ich war halb verhungert.

Hunger ist grausam. Zuletzt hatten wir uns manchmal hinter dem Rücken der Aufseherinnen heimlich eine Art Kleeblüten gepflückt, um etwas zwischen den Zähnen zu haben und kauen zu können.

Die Häftlingsjacke Hella Wertheims aus dem Frauenkonzentrationslager Lenzing in Österreich

Ich wußte nicht, was ich nun anfangen sollte. Eine innere Stimme sagte mir: »Sie haben dich jetzt befreit, aber du bist mutterseelenallein auf der Welt.« Ich hatte niemanden mehr, und ich wußte nicht wohin. Ein schöner Tag und ein schwerer Tag.

So manch eine Gefangene im Lager ist noch nach der Befreiung gestorben. Die Amerikaner kamen gleich mit einem ganzen Stück Brot und einem dicken Stück Speck. Wir ausgehungerten Frauen stürzten uns darauf wie Tiere. Wir waren wirklich alle entkräftet und schlangen das in uns hinein. Erst dann merkten wir, daß wir einen Riesenfehler gemacht hatten. Das konnten die ausgehungerten Mägen nicht verkraften. In den nächsten Tagen gab es dann Haferflockenbrei und Grießbrei, um uns wieder an normale Kost zu gewöhnen. Bald gaben die Amerikaner jedem von uns ein Kleid, und aus Bergen von Kleidungsstücken durften wir uns Unterwäsche, ein Paar Strümpfe, eine Jacke und ein Paar Schuhe heraussuchen. Endlich raus aus der Häftlingskleidung, aber ich nahm sie genau wie meine Eßschüssel mit dem abgenutzten Holzlöffel mit und habe sie bis heute aufbewahrt.

Es waren Momente und ganze Tage mit wunderbaren Gefühlen. Wir bekamen unser Essen, konnten spazierengehen, wanderten am Attersee entlang, streiften durch die Gegend, konnten uns frei bewegen.

Dann wurden die ersten Frauen zur Heimreise abgeholt. Die Tschechinnen stiegen auf bereitgestellte Lastwagen und winkten uns zum Abschied zu. Der Transport ging nach Prag. Wir anderen blieben zurück. Ich wußte wirklich nicht, wohin ich gehen sollte. Schließlich sagte meine holländische Freundin Ellen, ich sollte mit ihr nach Holland gehen. Sie hoffte, daß ihre in Holland untergetauchten Onkel noch lebten und daß ihre Mutter, die in Theresienstadt bei der Glimmerproduktion gearbeitet hatte und somit »transportgeschützt« war, überlebt hatte und vielleicht schon nach Holland zurückgekehrt war.

»Gut, dann gehe ich mit dir«, sagte ich. Es muß schon Juni oder Juli gewesen sein, als wir zum Bahnhof gebracht und in einen Zug nach Linz gesetzt wurden. Dort fuhren wir zum Flughafen, den die Amerikaner besetzt hielten. Eine ganze Anzahl von ehemaligen Häftlingen stieg mit uns in ein französisches Flugzeug. Ein französischer Arzt und eine französische Krankenschwester begleiteten uns noch immer ziemlich Entkräftete auf dem Flug nach Konstanz. Als wir dort landeten, wurden wir vom französischen Roten Kreuz in Empfang genommen. Mir schienen diese jungen Damen in ihren dunkelblauen Uniformen ganz außergewöhnlich hübsch zu sein.

In Jeeps wurden wir zur Insel Reichenau gefahren, über eine Straße, die mitten durch das Wasser führte. Links und rechts stand Schilf, das Wasser plätscherte ans Ufer. Unser Jeep verursachte noch einen kleinen Unfall, aber dann kamen wir zum »Strandhotel«, in dem wir in der folgenden Zeit untergebracht waren.

Stichwort: Das Rote Kreuz und die Verfolgung der Juden

Das Rote Kreuz hat während des Zweiten Weltkrieges für Kranke, Kriegsopfer und Kriegsgefangene unendlich viel geleistet.

Vom Deutschen Roten Kreuz haben die verfolgten Juden bis 1945 wenig Hilfe erfahren, weil es als Organisation der nationalsozialistischen Herrschaft vollkommen gleichgeschaltet war und an der Spitze mit dem SS-Gruppenführer Prof. Dr. Ernst Robert Grawitz ein Mann stand, der genau die Ideologie vertrat, die die Verfolgung der Juden bedeutete[58]. Es sind auch Bemühungen des Deutschen Roten Kreuzes aus dem Jahr 1943 um Hilfssendungen an Gefangene in NS-Lagern belegt.[59]

Die Haltung und Politik des von Genf aus agierenden Internationalen Komitees vom Roten Kreuz (IKRK) war für die verfolgten Juden ebenfalls insgesamt kaum hilfreich, wie erst nach massivem Druck nun freigegebene Dokumente belegen.[60]

Jean-Claude Favez, Professor für Neuere Geschichte und Rektor der Universität Genf, zeigt auf, daß das IKRK früh über die Situation und Entwicklung in den NS-Lagern informiert war, auch von der Massenvernichtung spätestens seit Juni 1942 Kenntnis hatte und dennoch auf lauten Protest in der Welt verzichtete und insgesamt zu wenig unternahm, um verfolgten Juden zu helfen.

Die Zurückhaltung des IKRK basierte auf folgender Grundlage:

– angeblich unzureichende Information über die Vorgänge in den Lagern,

– grundsätzliche Position der Nicht-Parteinahme,

– Berufung auf eine Rechtsgrundlage (humanitäres Völkerrecht fixiert auf der Grundlage der Haager Landkriegsordnung von 1907, das 1929 in einem erweiterten Abkommen von 56 Staaten unterzeichnet worden war), die nach der Einschätzung des IKRK die Kriegsgefangenen ins Zentrum der Aktivität rückte.

Daneben stehen auch Einzelaktivitäten humanitärer Diplomatie, die auf verfolgte Juden ausgerichtet und teilweise erfolgreich waren.

Da Theresienstadt in der Konzeption der Nationalsozialisten gerade zu einem »Vorzeigelager« wurde, um die Weltöffentlichkeit über den gleichzeitig durchgeführten Völkermord an den europäischen Juden zu täuschen, war es gleichsam folgerichtig, daß man nach einer »Verschönerungsaktion« und genauer Vorbereitung (unter Androhung von Strafen) der zur Schau gestellten Gefangenen zunächst einen Besuch einer dänischen und IKRK-Kommission am 23. Juni 1944 gestattete. Dieser so inszenierte Besuch hatte im Sinne der Nationalsozialisten den Erfolg, daß Kommissionsmitglieder (auch nach einem Besuch am 6. April 1945) unangemessen unkritische Situationsberichte über Theresienstadt verfaßten.[61]

Immerhin wurde unter Mitwirkung des IKRK ermöglicht, daß Pakete und Hilfssendungen nach Theresienstadt gelangten, die für Tage die Situation besserten.

In Verhandlungen verschiedener Seiten mit Himmler, der in seiner Politik gegenüber Juden auch durch die sich verschlechternde militärische Lage seit April 1944 schwankte, erreichte die von der Schweiz (und Schweden) ausgehende humanitäre Diplomatie, daß am 5. Februar 1945 ein Transport mit 1247 Gefangenen aus Theresienstadt abfuhr, der über Konstanz in die Schweiz in die Freiheit führte,

---

58) Vgl. Heiner Lichtenstein: *Angepaßt und treu ergeben. Das Rote Kreuz im Dritten Reich, Köln 1988.*

59) Vgl. Adler: *Wahrheit, wie Anmerkung 33, S. 304 ff.*

60) Vgl. Jean-Claude Favez / Geneviève Billeter: *Das Internationale Rote Kreuz und das Dritte Reich – War der Holocaust aufzuhalten? München 1989.*

61) Vgl. Adler, *Wahrheit, wie Anmerkung 33, S. 312, S. 356.*

Alle eigentlichen Inselbewohner waren von den Franzosen evakuiert worden. Die ganze Insel war menschenleer, nur das Hotelpersonal war noch da und wir, die ehemaligen Häftlinge. Nach der Einquartierung in das Hotel erlebte ich auf der Insel Reichenau die schönsten, unbeschwertesten Tage meines Lebens. Wir spielten Federball, spazierten durch die Gärten, pflückten Johannisbeeren oder Erdbeeren, streiften über die ganze Insel, lagen einfach in der Sonne – es war herrlich.

Seitdem liebe ich Reichenau so. Jahre später bin ich mit meinem Mann immer wieder für ein paar Tage an den Bodensee gefahren, wir übernachteten im »Strandhotel« oder auch privat. Konstanz – diese schöne Stadt mit ihren Kirchen, den Märkten, der Rheinbrücke. Und Reichenau ist meine Insel, mit dem Münster, in dem wir damals gebrauchte Kleidung bekommen hatten. Es zog uns später immer wieder dorthin, und noch einen Tag vor seinem Tod sagte mein Mann zu mir: »Ich wäre noch so gern mit Dir zum Bodensee gefahren.« Ich antwortete: »Laß uns im Oktober fahren, der Oktober hat auch noch goldene Tage.« Ein trauriges Lächeln umspielte seinen Mund, wie wenn er sagen wollte, daß er das nicht mehr schaffen würde – so erscheint es mir jedenfalls heute. Mein Mann starb am 8. Juli 1987. In jenem Jahr war das Wetter im Oktober wirklich sehr schön, aber nichts konnte mich trösten.

Die schönen Tage 1945 gingen damit zu Ende, daß wir in einen Zug gesetzt wurden, der uns in die Schweiz fuhr. In Genf kamen Damen in den Zug, die jedem von uns einen Beutel überreichten. Nach unseren fürchterlichen Erlebnissen der Lagerzeit schienen diese geschminkten Damen mit ihren rot lackierten Fingernägeln Erscheinungen aus einer anderen Welt zu sein. Uns haben sie aber auch ganz groß angeschaut!

In dem Beutel waren einige nützliche Utensilien wie Bleistift, Handtuch, ein Waschlappen mit dem Zeichen des YMCA, glaube ich, und etwas französisches Geld.

Es ging nämlich weiter nach Lyon, wo wir einige Tage verbrachten. Auf der dem Beutel beiliegenden Karte des »Christlichen Vereins Junger Männer« hieß es auf Französisch (hier in der deutschen Übersetzung) unter anderem:»Hilfe für Kriegsgefangene, Internierte und Repatriierte. Lieber Freund, während Ihrer langen Jahre des Exils haben wir Sie mit Sympathie begleitet. Wir sind glücklich, Sie wieder zurück begrüßen zu dürfen auf dem Weg der Verständigung und des Friedens. Und wir übermitteln sehr herzliche Wünsche.«

Als ich vor einiger Zeit im Fernsehen anläßlich des Barbie-Prozesses wieder Bilder aus Lyon sah, erinnerte ich mich wieder genau, wie wir selbst an der Rhône standen und die wunderschöne Silhouette der Stadt genossen.

Nach den Tagen in Lyon ging es wieder weiter. Wir dachten schon, wir würden Paris erleben, aber Pustekuchen – nach einer Übernachtung in Valenciennes kamen wir mit dem Zug in Brüssel an. Dort wurden wir wieder für einige Tage in einem Saal untergebracht. Es war Zeit genug, um auch durch Brüssel zu streifen. An einem dieser Tage ging ich mit Ellen ins Brüsseler Rathaus. Sie wollte

nachdem bereits zwei Transporte mit 1686 ungarischen Juden aus Bergen-Belsen in die Schweiz abgefahren waren.[62]

Die Bemühungen des IKRK führten auch dazu, daß noch vor Ende des Krieges die dänischen Juden in Theresienstadt am 15. April 1945 mit Bussen des Schwedischen Roten Kreuzes in ihre Heimat gebracht wurden und die noch im Lager befindlichen 17 515 Gefangenen am 2. Mai 1945 der Obhut des Roten Kreuzes unterstellt wurden.[63]

---

62) *Ebenda, S. 106 f; für die hektischen Verhandlungen in der Endphase der NS-Zeit vgl. Gerald Reitlinger: Die Endlösung. Hitlers Versuch der Ausrottung der Juden Europas 1939–1945, aus dem Englischen, 1953, Berlin 1979 (5), S. 524 ff.*
63) *Vgl. Adler, Theresienstadt, wie Anmerkung 17, S. 701.*

sich nach dem Schicksal ihrer Mutter erkundigen. Dort lagen Listen der Gefangenen von Theresienstadt aus. Schließlich fand sie den Namen ihrer Mutter, sie war als Überlebende gekennzeichnet. Ellen fiel mir um den Hals, ich gratulierte ihr.

Man sagte Ellen, daß ihre Mutter nach einer gewissen Zeit wieder nach Amsterdam zurückkommen würde.

Zusammen mit Ellen und einem holländischen Offizier, der sich unserer Gruppe anschloß und mir helfen wollte, kam ich schließlich nach Holland. Auf seine Fürsprache hin kam ich in Rosendahl durch, wo wir zuerst gefilzt wurden. Er sprach für mich holländisch, ich war so klein und zart und konnte mich hinter seinem Rücken verstecken. Er stieg dann in Den Haag aus, und in Amsterdam mußte ich mich von Ellen trennen: Sie ging als Holländerin nach Hause, und ich kam als Deutsche ins Fremdenlager. Das war mein Schicksal – wieder in ein Lager!

Und eines Tages hieß es dann: Du mußt nach Deutschland zurück! Ich wollte nicht, ich war so voller Angst, ich hatte ja auch keinen Menschen auf der ganzen Welt. Aber es half nichts. Ich wurde in einen Bus gesetzt. Ich dachte, es ginge schon nach Deutschland, aber wir landeten in einem Lager in Nimwegen, das von Engländern bewacht wurde. Dort gelang es mir eines Tages, hinter dem Rücken eines Postens auszukneifen. Ich lief zum »Joodser Raad« in der Stadt und schilderte meine Situation, daß ich so gerne in Holland bei einer Freundin in Amsterdam bleiben wollte. Ich bat ihn, mir zu helfen. Er hat sich alles angehört, hat mir seine Visitenkarte gegeben, aber getan hat er nichts. Als dann dieses Lager aufgelöst wurde, lud man uns auf einen Lastwagen. So kam ich in mein letztes Lager, ins deutsche Fremdenlager in Eindhoven.

Dort fand ich eine zusammengewürfelte Gesellschaft, die aus unterschiedlichen Gründen alle nach Holland wechseln oder dort bleiben wollten. Der Leiter dort hat sich meiner ein wenig angenommen und mir Hoffnung gemacht, daß ich doch in Holland bleiben könnte.

In Eindhoven im Lager lernte ich Erich Neter kennen, der hoffte, bei einer in Amsterdam verheirateten Schwester bleiben zu können. Erich Neter, der aus Gildehaus in der Grafschaft Bentheim stammte, hatte seine Frau und zwei Kinder im Alter von zwei und vier Jahren verloren – sie waren als Juden abgeholt worden, waren nach Riga deportiert, auf Lastwagen verladen und in den Wäldern erschossen worden.

Später erfuhr ich von meinem Mann, der die Familie Neter schon früher gekannt hatte, daß er in demselben Transport nach Riga gewesen war. Wie mein Mann überleben konnte, werde ich noch erzählen – aber wenn Mütter Kinder an der Hand hatten, war das in dieser Situation wie ein Todesurteil.

Erichs Hoffnung auf seine Schwester in Amsterdam war vergebens, auch sie war umgekommen. Nach ein paar Wochen teilte uns der Lagerleiter mit, daß wir nun tatsächlich nach Deutschland zurück müßten, es ginge einfach nicht mehr. Ich wußte nicht wohin, zum Glück bot Erich Steffi,

Das »Strandhotel« auf der Insel Reichenau

einem anderen heimatlos gewordenen jüdischen Mädchen aus Breslau, wie auch mir an, mit ihm nach Gildehaus zu gehen. Steffi wurde später Erichs Frau. »Dann nehme ich euch Mädels beide mit«, sagte er. Erich hoffte, in Gildehaus seine andere Schwester Henni und ihren Mann wiederzusehen, und er nahm auch an, daß sein Elternhaus noch stand.

Auch hier wurde er bitter enttäuscht. Mit wenigen Habseligkeiten, ich hatte meine in einem Holzkoffer verstaut, kamen wir drei Ende Juli 1945 auf dem Bahnhof Bentheim an. Erich borgte sich irgendwo am Bahnhof einen Handwagen, und so zogen wir zu Fuß nach Gildehaus. In Gildehaus war wenig zerstört, aber als wir bei Erichs Elternhaus ankamen, war gerade das völlig zerschossen. Später lernten wir den Grund kennen: Nach der Deportation der Bewohner hatte Obersturmbannführer E. darin gewohnt. Als die einrückenden Engländer von dessen Wohnsitz erfuhren, haben sie das ganze Haus zerstört. Erichs Schwester Henni und ihr Mann waren ebenfalls wie seine Familie in den Wäldern um Riga umgebracht worden.

Als wir vor dem zerstörten Haus standen, ist Erich zu früheren Nachbarn gelaufen, der Familie Lindemann. Der alte Schuster Opa Lindemann nahm nicht nur Erich, sondern auch uns Mädchen auf. Er war so hilfsbereit, nun hatten wir wenigstens ein Dach über dem Kopf.

Nachkriegszeit in der Grafschaft Bentheim
– neue Existenz

Wir beiden Mädchen waren sozusagen die ersten Flüchtlinge im Dorf. Später sind dann viele Flüchtlinge aus den ehemaligen Ostgebieten auch nach Gildehaus gekommen. Als wir kamen, ahnte kaum jemand, daß er vielleicht einmal Flüchtlinge aufnehmen würde oder werden müßte, zur Zeit unserer Ankunft wurde noch nichts für Ankommende organisiert. Wir zwei Mädchen wurden betrachtet wie zwei Wesen von einem anderen Stern. Die Neugierde blieb jedoch an der Oberfläche, das Verhältnis der Dorfbewohner zu uns war eher distanziert. Wir waren fremd, und was fremd ist, erscheint manchmal verdächtig.

Für Erich Neter, der in Gildehaus zur Schule gegangen war, ging es etwas leichter, sich einzugewöhnen. Er war noch den meisten aus seiner Schulzeit bekannt. Er muß ein freches Kerlchen gewesen sein, der oft Streiche ausgeheckt hatte. Erich Neter kam nach Gildehaus, in das Zuhause seiner Jugend, zurück. Irgendwoher hatte er schon in Holland erfahren, daß seine Frau und seine Kinder, mit denen er zuletzt gemeinsam in Wetzlar gelebt hatte, nicht überlebt hatten, und so wollte er nicht mehr nach Wetzlar zurück. Deshalb war es für ihn, mit dem wir aus Eindhoven nach Deutschland zurückgingen, nicht nur räumlich am naheliegendsten, nach Gildehaus zu gehen. Er hatte auch in der ersten Nachkriegsphase als Schlachter Möglichkeiten, hier und da ein wenig Arbeit zu bekommen und sich so über Wasser zu halten.

Steffi hatte etwas mehr Glück als ich, denn sie bekam manchmal Pakete aus Amerika, die waren Gold wert in dieser Zeit. Ich versuchte, Arbeit zu bekommen. Meine erste kleine Stelle bekam ich bei den Besatzungssoldaten, den »Tommies«, wie wir sie nannten. Sie gaben mir ein wenig Geld für einfache Büroarbeit bei ihnen, so daß ich wenigstens etwas an Miete für die Unterkunft abgeben konnte. Irgendwie hatte ich nach einiger Zeit das Gefühl, daß es Zeit wäre, Lindemanns Gastfreundschaft nicht länger in Anspruch zu nehmen.

Wo sollte ich anhaken, ich hatte ja keine Verwandten, niemanden. Zum Glück kam ich dann bei der Familie des Molkereibesitzers Walter unter, die sich mir gegenüber sehr nett verhielt. Herrn Walter kannte mein späterer Mann schon aus seiner Jugend – manchmal erschien es mir, als ob er seine Hilfe mir gegenüber als inneren Ausgleich für das Geschehen vor 1945 betrachtete.

Ich hatte aufgrund meiner Lagerzeit überhaupt keine Ausbildung. Dadurch, daß ich der Frau im Haushalt mithelfen durfte, lernte ich viel, gleichzeitig lernte ich bei ihr kochen.

Noch in der Zeit, als ich bei Lindemanns wohnte, traf ich zum ersten Mal meinen späteren Mann Heinz Wertheim. Er besuchte häufig die Lindemanns und machte auf diese Weise auch meine Bekanntschaft. Dann bat er mich einmal, ihm beim Einräumen eines Schrankes zu helfen. Bei dieser Gelegenheit kamen wir uns näher.

Stichwort: Die Grafschafter Familiengeschichte der Wertheims

Die Vorfahren von Heinz Wertheim gehören zu den ältesten jüdischen Familien der neuzeitlichen jüdischen Ansiedlung in der Grafschaft Bentheim.

Etwa für die Mitte des 17. Jahrhunderts sind Schüttorf und Bentheim als dauerhafter Wohnsitz allerdings weniger jüdischer Familien anzunehmen, deren Zahl und Verbreitung in der Grafschaft Bentheim in den folgenden Jahrhunderten relativ kontinuierlich zunahm. Den beiden ältesten jüdischen Familien in Bentheim, der des Lefman Abraham und der des Meyer Franke, wurden 1694 von Graf Arnold Mauritz Wilhelm zu Steinfurt gegen Bezahlung von jährlich vier »Reichstalern holländisch« Schutzbriefe (Geleitsbriefe) ausgestellt, die den Juden das Wohnrecht, obrigkeitlichen Schutz und in Einzelbestimmungen u.a. die Ausübung des Glaubens und die Führung bestimmter Gewerbe und Handelsgeschäfte zusicherten.[64]

Der Stammvater der Grafschafter Familie Wertheim, David Abraham, wird für Bentheim 1769 und 1798[65] urkundlich erwähnt.

»Er (David Abraham, M.R.) hatte wahrscheinlich eine Tochter des Meier (Meyer Franke, M.R.), 1694 in Bentheim vergeleitet, geheiratet. Ihre beiden Söhne Abraham David und Meier David nannten sich 1828 bei der Annahme von Familiennamen ›von Berg‹, wohl nach ihrem Hausplatz ›up'n Bült‹; dieser Name scheint ihnen verwehrt zu sein – später hießen sie Wertheim.«[66]

Bei der Gründung des Synagogenverbandes Bentheim 1842 übernahm Abraham David bereits unter dem Familiennamen Wertheim das Amt des Rechnungsführers der Gemeinde und des Schulverbandes.

Die Annahme von bleibenden Familiennamen hatte der seit dem Wiener Kongreß für die Grafschaft zuständige hannoversche König Georg IV. 1827 verordnet. Allgemein war es bei diesem Prozeß der verordneten Annahme von Familiennamen so, daß die Juden ihren Familiennamen selbst auswählten und dabei entweder einen bestehenden Rufnamen zum Nachnamen machten, sich einer zufälligen oder individuellen Namensgebung bedienten oder häufig den Herkunftsort ihrer Vorfahren zum Familiennamen erkoren, wobei auch bei den Bentheimer Wertheims trotz fehlenden direkten Nachweises davon ausgegangen werden kann. Aus den Beständen des baden-württembergischen Staatsarchivs in Wertheim, das inzwischen nach Bronnbach verlegt wurde, geht hervor, daß dort am 11. Januar 1758 ein David Abraham (Sohn des verstorbenen Abraham aus Laudenbach) in Wertheim das Gesuch stellte, sich mit Rahel, Tochter des Jacob von Fulda, verehelichen zu dürfen. Der Name David Abraham findet sich später, nach 1781, nicht mehr unter den Namen der Wertheimer Juden. Möglich ist also, daß dieser David Abraham mit dem 1769 für Bentheim

---

64) *Vgl. Heinrich Voort: Demographie, Wirtschaftsleben und soziale Stellung der Juden in der Geschichte der Grafschaft Bentheim, in: Die jüdischen Gemeinden in NO-Overijssel und der Grafschaft Bentheim (deutsch/niederländische Gemeinschaftsausgabe / Das Bentheimer Land, Band 121), Bentheim 1990, S. 11 ff.*

65) *Vgl. Akten des Staatsarchivs Osnabrück, StA Rep. 125 I Nr. 234.*

66) *Arno Piechorowski: Zur Geschichte der Juden in der Grafschaft Bentheim, in: Beiträge zur Geschichte der Juden in der Grafschaft Bentheim (hrsg. von Arno Piechorowski), Bentheim 1982, S. 48; vgl. auch S. 20.*
Die in dem Zitat von S. 48 vorgenommene Verbindung der Generationen erscheint aufgrund der Daten eher unwahrscheinlich.

Mein Mann hatte ebenfalls ein schweres Schicksal hinter sich. Daß ich ihm in meiner trostlosen Situation begegnete, empfinde ich als einen besonderen Glücksfall. Ich werde später mehr darüber berichten, was ich an ihm hatte. Ein wunderbarer Teil unser Beziehung bestand darin, daß wir miteinander viel über unsere Vergangenheit sprachen und nachdachten. Wenn ich ihn nicht gehabt hätte, weiß ich nicht, ob ich das alles verkraftet hätte.

Auch das Verdrängen kann vorübergehend eine seelische Hilfe sein. Ich weiß, daß in anderen Familien von Überlebenden das Gespräch über das Erlebte überhaupt nicht geführt wurde, um sich nicht erinnern zu müssen. Für mich bedeutete dieser Versuch des Aufarbeitens zusammen mit meinem Mann eine sehr große Hilfe. Auch haben diese Gespräche, in denen wir uns unsere Erlebnisse immer wieder erzählten, uns sehr aneinander gebunden.

Nur wenn mein Mann anderen von seinem Schicksal berichtete – er war wirklich ein guter Erzähler –, hat er oft das Schlimmste verschwiegen, fast ging sein Ton manchmal bei diesen Darstellungen in das Humorvolle hinein. Ich aber war durch unsere vielen Gespräche genau über seine Familie und seine bewegte Lagerzeit informiert. Ich möchte hier wenigstens übersichtsweise seine Geschichte und die seiner Familie bis zu dem Zeitpunkt schildern, an dem wir uns 1945 kennenlernten.

Der Familienname der Wertheims geht wohl auf den gleichnamigen schönen Ort am Main zurück, wo wahrscheinlich einst die jüdischen Vorfahren der Wertheims lebten. Die Mutter meines Mannes stammte aus Raesfeld bei Borken. Sie wiederum hatte früh ihre Mutter verloren und war so zu Verwandten nach Dortmund gekommen. Dort hatte sie den Vater meines Mannes, der in Gildehaus eine Schlachterei betrieb, kennengelernt und geheiratet. Heinz Wertheims Vater hatte sieben Geschwister, davon drei Brüder, die als Maler arbeiteten. Zwei dieser Brüder waren in Dortmund verheiratet. Aus der Ehe des Bruders Paul Wertheim mit seiner Frau Emma war die Tochter Clärchen hervorgegangen, die mein Mann, wie anfangs schon erwähnt, noch 1938 nach Berlin-Tempelhof begleitete, wo seine Cousine nach Moskau ausfliegen konnte, um von dort mit Bahn und Schiff nach Schanghai zu gelangen.

Mein Mann Heinz wurde 1915 während des Ersten Weltkrieges in Gildehaus geboren, seine Eltern hatten kurz vor dem Kriegsausbruch geheiratet. In der Stadt Bentheim und dem nahegelegenen Dorf Gildehaus lebten vor 1933 eine größere Zahl Juden. In den Gesprächen mit mir erwähnte er neben den Wertheims die Familiennamen Gossels, Silberschmidt und etliche andere. Mein Mann Heinz Wertheim lernte in seiner Jugend den Beruf des Schlachters, wohl eher seinem Vater zuliebe denn aus wirklicher Neigung. Der Vater starb bereits 1937 an unserem höchsten Feiertag nach einem Herzanfall. Mein Mann erinnerte sich noch genau daran, wie er an diesem Tag zu Sanitätsrat Maschmeier gelaufen war, um ihn zu Hilfe zu holen. Dieser sehr anständige Arzt war trotz der Vorschriften der Nazis sofort gekommen, aber es war schon zu spät. So wurde mein Mann als 22-jähriger praktisch der Ernährer der Familie. Einige Male stellte ich

erstmals erwähnten David Abraham, dem Stammvater der Familie Wertheim, identisch ist.[67]

Berühmt gewordene Namensvetter, die so den Ursprung ihres Familiennamens ebenfalls auf die Stadt an Main und Tauber zurückführten, waren u.a. der österreichische Mediziner Ernst Wertheim, der Kaufhausgründer Artur Wertheim, der Schriftsteller Leopold Wertheimer und der Psychologe Max Wertheimer.[68]

Abraham David Wertheim in Bentheim hatte vier Söhne: David Abraham, Gumphel Abraham, Heimann Abraham und Meier Abraham. Der 1836 geborene Heimann Abraham Wertheim zog um 1870 von Bentheim in das benachbarte Gildehaus und gründete dort eine Familie mit seiner Frau Josephine geb. Eichenwald. Mit seiner Frau Josephine hatte Heimann Abraham Wertheim, der Großvater von Heinz Wertheim, neun Kinder, von denen Bernhard und Leopold als Soldaten im Ersten Weltkrieg fielen. Der in der Mühlenstraße in Gildehaus ansässige Sohn Julius Wertheim (* 1878, † 1937) war mit Lena Wertheim geb. Rosenbaum (* 1885) verheiratet. Sie hatten zwei Kinder: die 1919 geborene Josephine und den am 27. Juni 1915 geborenen Heinz Wertheim. Seine Mutter und seine Tante Hanna kamen durch die Nationalsozialisten in Riga, seine Schwester Josephine im KZ Stutthof um. Heinz überlebte und kehrte nach Gildehaus zurück. Er heiratete am 18. Juni 1946 seine Frau Hella geb. Sass. Die Ehe blieb kinderlos. Heinz Wertheim starb am 8. Juli 1987.

Erich Neter, der seine spätere Frau Steffi und Hella aus dem letzten Lager in den Niederlanden 1945 in seinen Heimatort Gildehaus mitnahm, stand ebenfalls in einer bis ins 17. Jahrhundert zurückreichenden Familientradition in der Grafschaft Bentheim. Die Neters gehen bis auf den etwa um 1650 in Bentheim lebenden Lefmann Abraham zurück. 1844 mit der Bildung des »Synagogenverbandes Bentheim« stellte Isaac Salomon Neter den ersten nach Gesetz gewählten Vorsteher der jüdischen Gemeinde Bentheim und gleichzeitig den Vorsteher des Schulverbandes.[69]

---

67) *Diese denkbare Verbindung eröffnete dankenswerterweise der Historiker Erich Langguth aus Kreuzwertheim (in einem Brief an Manfred Rockel vom 31. August 1992). Erich Langguth arbeitet seit Jahren im Staatsarchiv Wertheim (heute: Archivverbund Main-Tauber – Staatsarchiv Wertheim) an der umfangreichen Geschichte der jüdischen Familien in Wertheim.*

68) *Vgl. dazu auch Eugen Ludwig Rapp: Die hebräischen Steininschriften in Wertheim am Main, in: Wertheimer Jahrbuch 1961/62, Wertheim 1964, S. 19 ff.*

69) *Vgl. Piechorowski, Geschichte Juden Bentheim, wie Anmerkung 66, S. 43, S. 50 f; die Daten der Familie Wertheim sind nach den angegebenen Quellen und nach mündlichen Angaben von Hella Wertheim (1991) zusammengestellt.*

ihm später während unserer Ehe die Frage: »Ihr wohntet doch so nahe der holländischen Grenze, warum bist Du nicht als junger Mann über die Grenze gegangen, um vor den Nazis zu fliehen?« Dann antwortete er immer: »Ich konnte doch meine Mutter, meine Tante Hanna, die mit uns im Haus lebte, und meine liebe Schwester Josephine nicht im Stich lassen.« Er tat wirklich alles, was er konnte, für seine Familie. Seine Tante Hanna, die in Gildehaus geboren und aufgewachsen war, fertigte Näharbeiten an, kam viel unter die Leute und war so eigentlich noch bekannter und beliebter als Heinz' Mutter, die zugezogen war. Hanna, die sich auch mit ihrer Schwägerin gut verstand, war Heinz und seiner Schwester eine wirkliche zweite Mutter.

In dem vor Jahren herausgebrachten Buch »Alt-Gildehaus« ist das alte Wertheimsche Haus noch abgebildet. Die Wertheims mußten es unter Zwang verkaufen. Ein Nachbar kaufte es und bezog es in seine Konservenfabrik mit ein, dann wurde es abgebrochen.

Als ich meinem Mann später einmal dieses Buch zu seinem Geburtstag schenken sollte, sagte er nein, das wolle er nicht. »Ich möchte das Bild gar nicht sehen, wo Mutters Wäsche noch auf der Leine hängt.« Er fuhr auch noch in diesen Jahren öfter über den Berg an die Stelle, wo sein Elternhaus gewesen war. Das Haus stand nicht mehr, aber er schaute, auch wenn wir nur daran vorbeifuhren, immer dorthin. Seine Beklemmung hing auch mit dem Schicksal seiner Mutter und seiner Tante Hanna zusammen. In den sechziger Jahren erfuhr er endgültig von einem Ermittlungsbeamten, daß sie in den Wäldern um Riga erschossen worden waren. Der Beamte erzählte ihm an diesem Herbstabend, daß sich die Deportierten dort im Winter hatten nackt ausziehen müssen. Dann waren sie an den Rand einer Grube gestellt worden, und mit einem Genickschuß waren die Opfer umgebracht worden. Um mich damit nicht zu belasten, durfte ich bei dem Gespräch nicht dabeisein. Tagelang hatte ich einen veränderten Mann vor mir. Mein Mann, der sonst freundlich war, wirkte rauh, zeigte sich anderen gegenüber fast sogar rabiat.

In der Nazizeit hatte mein Mann neben der Fürsorge für seine Familie noch einen Grund, nicht ins Ausland zu gehen, um vor den Nazis vielleicht sicher zu sein: Er war mit einem Mädchen verlobt. Er hatte das jüdische Mädchen Liesel de Jonge aus Weener in Ostfriesland kennengelernt, und es war eine herzliche Beziehung zwischen den beiden erwachsen. Sie muß ein liebes Mädchen gewesen sein. Mein Mann liebte seine Liesel so sehr, daß er sich mit ihr in einen Transport in den Osten einreihen wollte, für den sie bestimmt war. Mein Mann hatte den Mut, zur Gestapo nach Bentheim zu gehen. In dem weißen Haus unten vor den Bahnschranken, in der Nähe des heutigen Supermarktes, bat er, ob er nicht mit seiner Liesel mitgehen dürfte. Er wurde barsch abgewiesen, nein, das ginge nicht.

Nach dem Krieg erfuhren wir, daß dieser Transport mit Liesel de Jonge nach Minsk gegangen war und sofort nach der Ankunft alle erschossen worden waren.

Als vor nicht allzu langer Zeit die Gemeinde Weener ihre ehemaligen Juden eingeladen hatte,

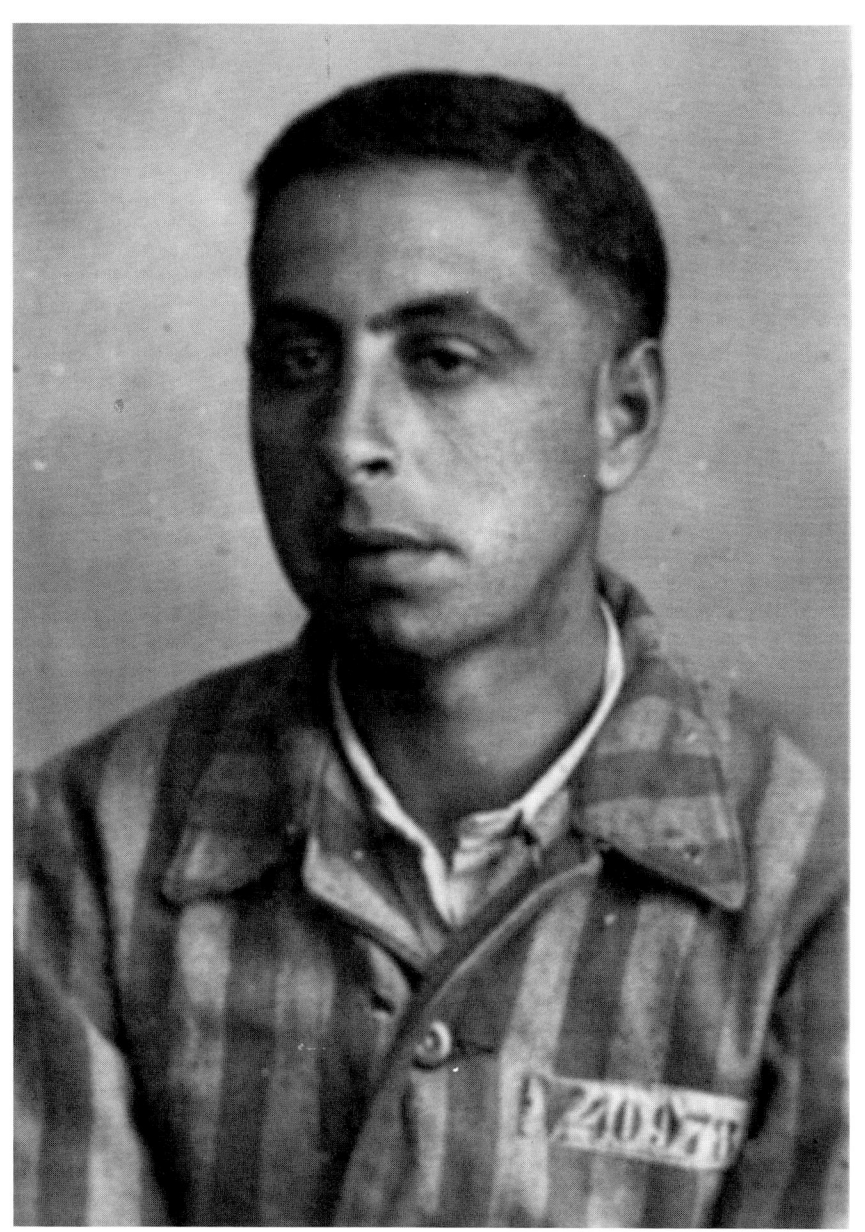

Heinz Wertheim in seiner Häftlingskleidung (Datierung wahrscheinlich eine gewisse Zeit nach der Befreiung)

hoffte ich, vielleicht mit Liesels Bruder in Kontakt zu kommen, der noch ins Ausland geflüchtet war. Das Wiedersehenstreffen der Juden aus Weener fand jedoch ohne einen de Jonge statt.

Für meinen Mann und seine Familie wurde es ab 1938 immer schwerer. Einige Kunden hielten zu ihm. Dann mußte er die Schlachterei aufgeben. Heinz wurde zu körperlicher Arbeit im Moor und auf Baustellen eingesetzt. Schließlich wurde er mit seiner Schwester zur Sammelstelle der Juden für dieses Gebiet, das Schloß in Osnabrück, gebracht. Heinz' Schwester hatte eine Anstellung bei der jüdischen Familie Buchtal gefunden, die in Rheine am Markt wohnte. Diese Familie betrieb einen Obst- und Gemüsegroßhandel. Als die Familie noch ausreisen konnte, blieb die Schwester meines Mannes zurück.

In den Lagern um Riga, in die mein Mann, seine Mutter, seine Schwester und seine Tante Hanna mit der Bahn transportiert wurden, hatte mein Mann noch Glück. Er konnte nämlich als gelernter Schlachter im Küchenbereich arbeiten. So wurde die Liebe zu seinem Vater, deretwegen er in seiner Jugend eigentlich gegen seinen Willen den Beruf des Schlachters angenommen hatte, gleichsam belohnt, denn sein Beruf half ihm zu überleben.

Ein ebenfalls nach Riga deportierter Onkel meines Mannes aus Horstmar, der schon in der Küche tätig war, hatte sich für ihn eingesetzt. In der Küche bekamen sie doch immer etwas mehr als die anderen Gefangenen. Während wir in meiner Lagerzeit mit riesigen Gruppen von Gefangenen umgeben waren, war seine Lagersituation durch eine relativ kleine, etwa dreißigköpfige Gefangenengruppe geprägt, die einem ständigen und gefährlichen Kontakt zur SS ausgeliefert war. Einmal hatte ein SS-Mann Heinz aufgefordert, eine fortgelaufene Kuh zurückzuholen. Mein Mann weigerte sich, weil er Angst davor hatte, daß der SS-Mann ihn dann »auf der Flucht« erschießen würde. Er erzählte mir, daß es trotz seiner Weigerung gut für ihn ausgegangen war. In anderen Fällen sind Häftlinge in einer ähnlichen Situation dann wegen »Befehlsverweigerung« erschossen worden.

Ewald Aul, der heutige Vorsteher der jüdischen Gemeinde in Osnabrück, war ebenfalls wie mein Mann in dem Lager Salaspils bei Riga. Er konnte sich dort als Sanitäter durch die Lagerzeit retten und überleben.

Durch die gemeinsame Lagerzeit in Riga blieb der Kontakt zwischen Ewald Aul, Heinz und Irmgard Ohl und ihrer Mutter Henni Heimbuch und meinem Mann auch in den Jahren danach bestehen.

In der Nachkriegszeit machten mein Mann und ich ebenfalls die Bekanntschaft mit einer Überlebenden von Riga, die die Lager dort durch den Einsatz des Grafen Bernadotte von Schweden verlassen konnte. Ich erfuhr, daß die heute in Coesfeld lebende Mine Süsskind sogar mit meinem Mann weitläufig verwandt war. (Sie war in erster Ehe mit einem Herrn Eichwald verheiratet gewesen, der aus der Verwandtschaft von Heinz' Großmutter Eichwald aus Horstmar stammte.) Mine Süsskind berichtete uns, wie ungewiß es damals für sie war, als sie von Riga den

Stichwort: Heinz Wertheims Verfolgung in der NS-Zeit

Nachdem Heinz Wertheim 1936 seine Schlachterei in Gildehaus endgültig hatte aufgeben müssen, arbeitete er auf verschiedenen Stellen im Emsland im Hoch- und Tiefbau. Schließlich bekam er eine Anstellung bei Cohen in Meppen, wo er in dieser Zeit auch wohnte. Am 10. November 1938 wurde er in Meppen verhaftet und in das dortige Gestapohaus hinter der Bahnlinie gebracht. Über das Lingener Gefängnis und die Gestapostelle im Osnabrücker Schloß wurde er in das KZ Sachsenhausen eingeliefert. Dort arbeitete er im »Klinker«, d.h. er mußte Bauarbeiten verrichten. Heiligabend 1938 wurde Heinz Wertheim ohne vorherige Ankündigung freigelassen. Zusammen mit dem ebenfalls freigelassenen Josef de Vries aus Lathen kamen sie vorübergehend bei dessen Bruder Ludwig in Berlin unter, bevor beide wieder an die holländische Grenze zurückkehrten.[70]

Heinz Wertheim gehörte mit seiner Mutter, Schwester und Tante zu den etwa 1000 Juden, die mit dem Transport am 13. Dezember 1941 von Bielefeld nach Riga deportiert wurden. Juden aus der Grafschaft und dem Emsland waren dazu ein oder zwei Tage zuvor nach Osnabrück gebracht worden. Dort stiegen sie mit den Juden aus dem Raum Osnabrück in den bereits mit 390 münsterländischen Juden besetzten, bewachten Personenzug ein, der aus Münster kam. Bielefeld schließlich stellte den letzten Zusteigebahnhof auf der Fahrt nach Riga dar, die über Hannover, Berlin, Königsberg und auch Insterburg in die lettische Hauptstadt und ins dortige Ghetto führte.

Nach einer beschwerlichen dreitägigen Fahrt mußten die Männer, Frauen und Kinder vom Rangierbahnhof Skirotava bei 20 Grad Kälte den langen Fußmarsch ins Rigaer Ghetto antreten. Die dort vorher gefangengehaltenen lettischen Juden waren zuvor aus dem Ghetto herausbefohlen worden: In einer Massenerschießungsaktion in der Nähe der Bahnstation Rumbula waren an dem »Blutsonntag« des 30. November 1941 und in einer weiteren Aktion am 8. Dezember 1941 27 500 lettische Juden umgebracht worden.[71]

Zu den Stätten des Grauens in und um Riga gehören neben dem Ghetto und der Bahnstation Rumbula

– der Rangierbahnhof Skirotava, wo die Menschen einer großen Zahl ankommender Transporte sofort erschossen wurden,

– das KZ Jungfernhof / Jumpramuize im Süden Rigas, wohin die Menschen der ersten aus Deutschland ankommenden Transporte geführt wurden (weil das Ghetto noch nicht »geräumt« war) und wo sehr viele umkamen,

– die Lager von Salaspils südöstlich von Riga, wo 30- bis 35 000 sowjetische Kriegsgefangene umkamen und wo in einem »Arbeitserziehungslager« für Zivilgefangene bei dessen Aufbau und bei der Zwangsarbeit bis zum Sommer 1942 deutsche Juden eingesetzt wurden. Heinz Wertheim war einer der wenigen, die von dort ins Ghetto zurückkehrten,

– das KZ Kaiserwald / Mezaparks mit einer Reihe von Außenlagern, wo die Gefangenen des im November 1943 aufgelösten Ghettos für verschiedene Betriebe Zwangsarbeit leisteten,

– der Bikernieki-Wald, eine weitere große Erschießungsstätte in Riga, wo zwischen 1941 und 1944 46 500 Opfer (vor allem Juden, auch politische Häftlinge und Kriegsgefangene) erschossen wur-

---

70) Nach mündlichen Angaben von Hella Wertheim (1991).
71) Vgl. auch die Schilderungen der Überlebenden Ewald Aul und Irmgard Heimbach in: Peter Junk / Martina Sellmeyer: Stationen auf dem Weg nach Auschwitz. Entrechtung, Vertreibung, Vernichtung; Juden in Osnabrück; 1900–1945, Bramsche 1988, S. 194ff, S. 197ff.

Transport nach Schweden antrat. Sie konnte ihre Befreiung erst glauben, als sie in Schweden angekommen war. Sie kehrte nach Kriegsende wieder nach Deutschland zurück.

Mein Mann hielt im Lager den Kontakt zu seiner Schwester, an der er sehr hing, aufrecht, solange es möglich war, bis sie schließlich beide in das Lager Stutthof bei Danzig gebracht wurden. Dort sah er sie das letzte Mal hinter einem Stacheldrahtzaun herüberwinken. Vorher hatten sie sich versprochen: »Wenn wir überleben, treffen wir uns in Gildehaus wieder.« Heinz' Schwester kehrte nicht zurück.

In den Wirren gegen Ende des Krieges, als die Gefangenen der Lager noch unsinnig hin- und hergeschickt wurden und noch viele kurz vor Schluß ihr Leben lassen mußten, gelangte mein Mann Heinz Wertheim in ein Nebenlager nach Altshausen in der Nähe des Bodensees, wo er von den Franzosen befreit wurde. Mein Mann wollte, so schnell es ging, nach Hause nach Gildehaus, in der Hoffnung, seine Mutter, seine Tante, seine Schwester und seine Verlobte wiederzusehen. Er mußte sich noch wochenlang im Süden aufhalten, da die Bahnverbindungen noch unterbrochen waren. Als er schließlich mit dem Zug heimwärts fahren konnte, bekam er in Siegen einen derartig schlimmen Hexenschuß, daß er dort ein paar Wochen im Krankenhaus liegen mußte. In Siegen stahl man ihm den Holzkoffer mit den wenigen Sachen, die er nach seiner Befreiung bekommen hatte.

Dann kam Heinz Wertheim schließlich am Bahnhof in Bentheim an. Es waren nur acht Tage, bevor Erich Neter, das jüdische Mädchen Steffi aus Schlesien und ich aus den holländischen Lagern wieder zurück nach Deutschland geschickt wurden und in der Grafschaft Bentheim eintrafen.

Heinz Wertheim machte sich zu Fuß auf den Weg nach Gildehaus. Er war schon in seinem Heimatort, ging gerade am Friedhof und an der Kirche entlang, als es neun Uhr abends schlug. Bei der nun beginnenden Ausgangssperre durfte er nicht länger auf der Straße bleiben. Da fiel ihm plötzlich ein, daß er zu Frau Schultwessel gehen könnte, die in der Nähe wohnte. Frau Schultwessel hatte der Familie Wertheim bis zuletzt die Treue gehalten, hatte sie besucht oder auch ein paar Sachen zur Aufbewahrung entgegengenommen, bevor die Wertheims abtransportiert wurden. Als Heinz nun bei ihr wieder vor der Tür stand, erschrak Frau Schultwessel: »Mein Gott, Heinz, bist Du es, oder ist es Dein Geist?« entfuhr es ihr. Sie nahm ihn für die ersten Nächte auf, gab dem Ausgehungerten etwas zu essen, und ganz besonders erinnerte sich mein Mann an das Ei, das er von ihr bekam, denn sogar kostbares Salz gab sie ihm dafür her.

Gleich am nächsten Tag besuchte Heinz einige ehemalige Schlachterkollegen. Er bat um etwas – er war selbst noch nicht in der Lage zu arbeiten – und er bekam es. Er bekam auch Salz, das er dankend zu Frau Schultwessel zurückbrachte.

Heinz' Hoffnung, daß jemand aus seiner Familie oder seine Verlobte zurückgekommen war oder noch zurückkommen würde, erfüllte sich nicht.

den. Die in Gruben liegenden Leichen mußten 1944 durch Häftlinge und ein Sonderkommando unter SS-Standartenführer Paul Bobel ausgegraben und verbrannt werden, um Spuren der Greuel zu verwischen.[72]

Durch Erschießungen und unter den unmenschlichen Verhältnissen der nationalsozialistischen Lager in Lettland starben die meisten der Gefangenen. Winni Nachtwei, der sich auch intensiv mit dem Schicksal der Menschen des Transports aus dem Raum Münster / Grafschaft Bentheim / Emsland / Osnabrück / Bielefeld beschäftigt hat, nimmt an,

daß von den etwa 1000 Deportierten des Bielefelder Zuges nicht mehr als 50 Menschen überlebten.

Vor der näherrückenden Roten Armee wurden ab August 1944 die Häftlinge mit dem Schiff nach Danzig in das Lager Stutthof gebracht, wo Heinz Wertheim zum letzten Mal seine Schwester sah. In den Wirren vor Kriegsende deportierte man Heinz Wertheim in einem Gefangenentransport bis in die Nähe des Bodensees. Zuletzt leistete er in einem Nebenlager des KZ Dautmergen zwischen Ravensburg und Weingarten Zwangsarbeit im Schiefer.

Stichwort: Dr. Ständer

Die wesentlichen Angaben Hella Wertheims über Dr. Ständer (Funktion, Gesinnung, Schändung der Grabsteine) finden sich auch in einem kurzen biographischen Aufriß von Wolf-Dieter Mohrmann.[73] In dem Artikel wird er als »überzeugter und gefürchteter Nationalsozialist« bezeichnet, »der als öffentlicher Redner laut und entschieden zum Kampf gegen das Judentum aufrief«. Danach hat der NSDAP-Reichstagsabgeordnete und Kreisleiter Dr. Ständer den Hof seiner Villa im Jahre 1943 mit den zerstörten Grabsteinen des Gildehauser jüdischen Friedhofs pflastern lassen. Gegen ihn wurde »1950 ein Strafverfahren u.a. wegen Verbrechens gegen die Menschlichkeit eröffnet; der Angeklagte wurde lediglich wegen Hehlerei zu einer Gefängnisstrafe verurteilt und nahm im selben Jahr 1952 seine Arztpraxis in Gildehaus wieder auf.«[74] Dr. Ständer starb am 7. März 1975.

---

72) *Der Münsteraner Pädagoge und Historiker Winni Nachtwei, der sich für die Aufarbeitung der Verbrechen in Lettland in besonderer Weise einsetzt und auch diese zusammenfassenden Informationen zur Verfügung gestellt hat, berichtet davon, daß man noch heute an diesem fast vergessenen Ort des Bikernieki-Waldes Knochensplitter und Zähne findet.*
73) *Biographisches Handbuch zur Geschichte der Region Osnabrück, hrsg. vom Landschaftsverband Osnabrück e.V., Bramsche 1990, S. 277 f.*
74) *Ebenda.*

Ein paar Tage später ging er durch sein Heimatdorf Gildehaus, durch seine heimische Mühlenstraße. Er kam bei seinem früheren Nachbarn Holtkamp vorbei und traf dort den Elektriker Hans Bonke, mit dem er in seiner Jugend Haus an Haus gewohnt hatte. Hans Bonke, der selbst ausgezehrt aus dem Krieg gekommen war, nahm meinen Mann mit zu sich nach Hause, führte ihn die Treppe hoch und fragte: »Heinz, magst Du das leiden, das Zimmer?« Meinem Mann gefiel es, und so hatte er wieder ein Dach über dem Kopf. Eine ganze Zeit wohnte er dort, und auch sonst tat Familie Bonke viel für meinen Mann. Heinz seinerseits half den Bonkes, so gut es ging. Wenn er bei den Schlachtern ansprach, bekam er hier und dort etwas, was er dann den Bonkes weitergeben konnte.

Über einen Bezugsschein bekam er ein Fahrrad. Damit war er ständig unterwegs, unter anderem auch in die Kreisstadt Nordhorn, um dort weitere Bezugsscheine zu erhalten. So war es auch noch im Winter 1945/46, als Heinz Wertheim, mit dem ich inzwischen gut befreundet war, endlich den Bezugsschein für einen Wintermantel erhielt. Wir hatten im Grunde noch immer nichts Vernünftiges anzuziehen.

Die Geschäfte mußten ihre Warenbestände angeben. So fuhr er mit dem Fahrrad nach Uelsen, weil sich in einem dortigen Geschäft noch ein Wintermantel befinden sollte. Als er in dem Geschäft in Uelsen seinen Berechtigungsschein vorlegte, bekam er seinen Mantel erst nach einigem Streit.

Jede kleinste Kleinigkeit war mit Mühe und Ärger verbunden. Als wir 1946 heiraten wollten, besaßen wir im Grunde immer noch nichts. Heinz, der sich für uns sehr einsetzte und viel unternahm, hatte nun auf dem Rathaus den Bezugsschein für eine Matratze bekommen. Er erklärte, daß er heiraten würde, und so wurde ihm nach langem Hin und Her die Berechtigung für eine zweite Matratze zugestanden.

Dann erfuhr mein zukünftiger Mann, daß in Gildehaus im Vereinshaus die Möbel holländischer Juden, nachdem sie in das Lager Westerbork gebracht worden waren, billig abgegeben oder versteigert worden waren. Die englischen Besatzer erteilten meinem Mann die Genehmigung, sich davon Möbel zum persönlichen Gebrauch zu holen. Die Polizei ging mit ihm, als er einige Möbel von ehemals jüdischen Besitzern aus Gildehauser Haushalten heraustrug. Wir bekamen auf diese Weise ein paar Küchenmöbel, ein richtiges Schlafzimmer und ein schönes Wohnzimmer in Nußbaum, das wir lange benutzten. Mein zukünftiger Mann forderte auch Erich Neter auf, dies zu tun, und auch er hat sich Möbel geholt.

Zu den ersten Handlungen meines Mannes nach seiner Wiederkehr nach Gildehaus gehörte, daß er versuchte, den zerstörten jüdischen Friedhof des Ortes wieder in Ordnung zu bringen. In Gildehaus praktizierte der für seine Heilmethoden bei offenen Beinen bekannte praktische Arzt Dr. S. Dieser Dr. S. hatte den Nationalsozialismus in der Grafschaft verbreitet und war auch Reichstagsabgeordneter gewesen. Andererseits soll er in seinem Handeln so gespalten gewesen

Geschändeter Grabstein des jüdischen Friedhofes in Gildehaus – heutige Ansicht

sein, daß er, solange es möglich war, bei dem jüdischen Schlachter Silberschmidt auf dem Berg in der Nähe seiner Villa sein Fleisch bezog. Dr. S. hatte es fertiggebracht, die Grabsteine vom jüdischen Friedhof holen zu lassen, die Inschriften herausschlagen zu lassen und seinen Hof mit der glatten Seite der Steine als Oberfläche zu pflastern.

Als mein Mann von diesem völlig würdelosen Verhalten erfuhr, ließ er mit Hilfe der Polizei die Steine wieder aufnehmen und auf unseren jüdischen Friedhof wieder zurückbringen.

Noch heute kann man auf dem Friedhof sehen, daß einige Steine nur aufgeschichtet werden konnten, andere sind wieder aufgestellt. Man kann auch erkennen, daß einige Inschriften herausgeschlagen worden sind. Diesem Dr. S. wurde zwar später in Osnabrück der Prozeß gemacht, aber er kam gut dabei weg. Mein Mann war noch als Zeuge geladen. Dr. S. konnte weiter praktizieren.

Oft sagte mein Mann am Sonntag: »Hoffentlich müssen wir nicht einmal den Notdienst anrufen.« Da hätte es passieren können, daß dieser Dr. S., der mitverantwortlich dafür war, daß mein Mann und seine Familie in die Konzentrationslager geschickt wurden, zu uns als Arzt gekommen wäre. Zum Glück ist dieser Alptraum meines Mannes nie wahr geworden.

Später bauten wir unser neues Wohnaus zufällig in der Nähe der Villa von Dr. S.

Dr. S. baute sich nach dem Tod seiner Frau einen kleinen Bungalow neben seiner Villa. Dort lebte er bis zu seinem Tod allein. Wir vermieden nach Möglichkeit jede denkbare Situation, in der ein Kontakt entstehen konnte.

Das alles gehörte auch zu dem Zuhause, in das mein Mann nach seiner Lagerzeit zurückkehrte. Ernsthaft erwogen wir jedoch nicht, zum Beispiel nach Israel zu gehen. Die aus Lemgo stammende Carla Raveh, die mit mir in Theresienstadt im Kinderheim lebte, ohne daß ich sie damals persönlich kennengelernt hatte, und die ebenfalls Auschwitz und weitere Arbeitslager überlebte, ging entschlossen nach Israel. Als ich vor ein paar Jahren ihre Erinnerungen unter dem Titel »Überleben« in die Hand bekam, mußte ich das Buch durchlesen, ohne es einmal aus der Hand zu legen, so sehr erinnerten mich ihre Schilderungen an mein eigenes Schicksal. Sie wollte nach Israel, hat dort auch eine Familie gegründet, aber inzwischen lebt sie auch periodisch wieder in dem alten Haus ihrer Familie, das von der Stadt Lemgo modernisiert und mit einem kleinen Museum zur Geschichte der Juden dieser Stadt versehen wurde. Carla Raveh fand eine befriedigende und sinnvolle Aufgabe darin, gelegentlich von ihrem Schicksal vor Schulklassen zu lesen und zu erzählen. Durch einen Briefwechsel mit ihr und einen persönlichen Besuch bei ihr in Lemgo konnte ich erfreut erfahren, wie relativ gut diese tapfere Frau mit ihrem Schicksal umgehen kann.

Anderen ist das nicht gegeben. Wenn heute Menschen aus einer Geiselsituation befreit werden, kümmern sich Psychologen um sie, so daß sie wieder in die Normalität zurückkehren können.

Geschändete, zerbrochene und so wiederaufgerichtete Steine auf dem heutigen jüdischen Friedhof in Gildehaus

Wir sind nie behandelt worden, im Grunde haben wir noch heute an unserem KZ-Syndrom zu tragen.

Ich war nach meiner Befreiung zunächst ganz orientierungslos, mittellos dazu, ohne Verbindungen, und ich hätte jemanden gebraucht, der mir diesen Weg nach Israel vielleicht eröffnet hätte. Für meinen Mann blieb trotz allem Gildehaus sein Zuhause. Es gab noch etwas: Im Grunde fühlten wir uns ja als Deutsche, als deutsche Juden. Ich hatte Angst gehabt, aus Holland nach Deutschland zurückgehen zu müssen. Dadurch, daß ich nun meinen Mann kennenlernte, fand ich meine Heimat bei ihm. Mein Mann Heinz half mir sehr, einfühlsam, lieb und feinsinnig wie er war. Unser getrennt erlebtes, aber doch gemeinsames Lagerschicksal band uns in der Zeit danach. Und ich hatte wieder einen Menschen, an den ich mich anlehnen und halten konnte.

Wir heirateten am 18. Juni 1946, ich war 18 Jahre alt, als uns der alte Herr Riesenbeck auf dem Standesamt in Gildehaus traute. Nach der standesamtlichen Trauung gingen wir ohne richtige Feier wieder nach Hause, die Verhältnisse waren eben nicht anders, es war noch vor der Währungsreform. Es war nicht einfach, jemanden zu finden, der uns jüdisch trauen konnte. Immerhin hatte mein Mann schon zuvor zu seinem alten Religionslehrer, dem Rabbiner Weinstock, der in Gelsenkirchen wohnte, Kontakt aufnehmen können. Er hatte sich bereit erklärt, uns jüdisch zu trauen. Josef de Vries, ein Freund meines Mannes aus Lathen, der als Trauzeuge für die standesamtliche Heirat mit dem Auto angereist war, brachte uns mit seinem Wagen zum Bahnhof in Lingen. Von dort fuhren wir mit dem Zug nach Gelsenkirchen, wo wir sogar in einem Hotel übernachteten. Wir schliefen wunderbar in diesem Hotel, fast hätten wir anderntags den vereinbarten Termin verschlafen.

Aus einem Stückchen Stoff wurde der Brautschleier und so mein Kleid zum Hochzeitskleid. Ein Ehepaar aus Gelsenkirchen übernahm die Rolle der Trauzeugen und wünschte uns Glück. Der Rabbiner gestaltete die Trauung einfach, aber herzlich. Während des Gespräches stellte sich heraus, daß der Trauzeuge und mein Mann zeitweise im selben Lager gewesen waren.

Anschließend lud uns Rabbiner Weinstock zu einem Glas Wein und zu einem kleinen Abendessen ein. So hatten wir dann doch das Gefühl, daß es ein wenig feierlich war.

Als wir heirateten, wohnte ich noch bei der Familie des Molkereibesitzers Walter. Mein Mann wollte uns ein Nest bereiten, aber es gelang erst nach einigen Schwierigkeiten. Ein Onkel meines Mannes, der Maler Karl Wertheim, war 1936 mit seiner Familie nach Holland gegangen, um vor den Nazis sicher zu sein. Onkel Karls Frau Frieda, die als Tochter des Landesrabbiners aus Thüringen von Eisenach nach Gildehaus gekommen war, hatte sich erstaunlicherweise gut in Gildehaus eingelebt. Nun gingen sie 1936 nach Holland, ohne das Haus zu verkaufen, es wurde vom Finanzamt übernommen.

Das Hochzeitsfoto von Hella und Heinz Wertheim (1946)

Der Weg nach Holland – ich werde weiter hinten einmal im Zusammenhang meine Erfahrungen mit Holländern und mit nach Holland geflohenen Juden in der Nazizeit darstellen – bedeutete schließlich für diese Familie nicht die Rettung, sondern den Untergang. Mit Karl und Frieda Wertheim ging auch die Familie ihrer Tochter Gertrud Blumental, die mit einem Walter Blumental verheiratet war. Gertrud hatte noch vor ihrer Flucht in Deutschland Zwillinge zur Welt gebracht. Leider starb ein Kind bei der Geburt, das andere war geistig behindert. Dies war der Grund, warum nach der Emigration das Kind in dem holländischen Behindertenzentrum Appeldorn betreut wurde. Als dann die Nazis Holland okkupierten, tauchten die beiden Familien nicht unter. Die Bewohner der Anstalten von Appeldorn gehörten zu den ersten, die die Nazis in die Lager im Osten in den Tod schickten.

Um ihr Kind nicht im Stich zu lassen, ging die ganze Familie, nämlich ein weiteres Geschwisterchen, die Eltern Walter und Gertrud Blumental und die Großeltern Karl und Frieda, mit auf den sogenannten »Arbeitertransport in den Osten«. Sie kamen alle in Auschwitz um.

Mein Mann Heinz Wertheim bemühte sich nach seiner Wiederkehr um dieses von seinem Onkel Karl verlassene Haus, in dem inzwischen zwei Familien lebten. Es gab natürlich Krach, als mein Mann eine Wohnung für uns beanspruchte. Das Problem löste sich schließlich, als ein Elternteil einer das Haus bewohnenden Frau in Ostfriesland starb und sie mit ihrem Mann dorthinzog. Die unten wohnende Familie zog nach oben und machte uns das erste gemeinsame Zuhause frei. Der Vorwurf, wir hätten Bewohner aus dem Haus verdrängt, blieb ebenso bestehen wie das Spannungsverhältnis mit unseren Mitbewohnern. Wir hatten aber als Jungverheiratete nun ein Dach über dem Kopf und eine eigene Wohnung. Die geringe Miete zahlten wir an die Behörde in Osnabrück.

Es war auch beruflich schwierig, auf die Beine zu kommen. In der allerersten Zeit konnte ich meinen Mann kaum unterstützen, weil ich gesundheitlich ganz heruntergekommen war. Mein Mann versuchte alles Mögliche, um eine neue Existenz zu gründen. Vieles hing vom Zufall ab, so handelte mein Mann, weil sein Freund Arthur Sachs in Bielefeld eine Stoffgroßhandlung betrieb, zuerst mit Stoffen. Heinz konnte so überhaupt an Ware kommen, und von den Erlösen des Verkaufs und des Tausches lebten wir in der ersten Zeit. Als die Währungsreform nahte und er überlegte, geschäftlich neu zu beginnen, wollte er mit einem Partner aus Schüttorf einen Fischgroßhandel aufbauen. Als dies abgelehnt wurde, wahrscheinlich weil ein Mitkonkurrent dies verhinderte, griff ein Journalist diesen Fall auf. Ich weiß nicht mehr, in welcher Zeitung der große Artikel erschien, aber als Aussage stellte der Journalist in einem größeren Beitrag heraus, daß überlebende Juden immer noch viele Schwierigkeiten hätten, ihre Existenz aufzubauen.

Bevor wir unser kleines Textilgeschäft eröffneten, war mein Mann für kurze Zeit bei der Polizei tätig gewesen. Schiffskoch oder Polizist hatte er in seiner Jugendzeit werden wollen, und nun fuhr er tatsächlich nach Osnabrück und ließ sich 1946 von den Engländern in den Polizeidienst

Hella und Heinz Wertheim (1947)

einstellen. Er wurde dem Revier in Schüttorf zugeteilt, absolvierte dort seine Streifengänge, kontrollierte die Mühlen, daß sie nicht heimlich mahlten, und versah den alltäglichen Dienst. Bald merkte mein Mann jedoch, daß das Strammstehen und Unterordnen doch nicht so zu ihm paßte. Als er zur Untersuchung im Zuge der Entnazifizierung gedrängt wurde, lachte er und konnte gegenüber seinen Arbeitskollegen den Mund nicht halten: »Das habe ich nicht nötig!« Und als die auf die Aufforderung des Vorgesetzten hinwiesen, antwortete er: »Macht Euch doch vor dem Alten nicht in die Hose, der hat es vielleicht nötiger als ich!« Er verlor dann endgültig seine Stelle, als man ihm zu Unrecht vorwarf, er hätte einen Auftritt als Zeuge vor dem Gericht in Osnabrück verpaßt. Dabei hatte er sich für diesen Tag vorher freigeben lassen. Es war der Versöhnungstag Jom Kippur, und mein Mann besuchte die Synagoge in Osnabrück. Auch seine Beschwerde danach bei den Engländern nützte nichts.

So beschlossen wir, uns mit einem Textilgeschäft selbständig zu machen. Die Genehmigung erhielten wir wenige Tage vor der Währungsreform von der Industrie- und Handelskammer in Osnabrück. Das Geschäft wurde auf meinen Namen angemeldet und am 6. August 1948 eröffnet.

Wir erhielten die Genehmigung nur unter der Bedingung, daß ich in den darauffolgenden zwei Jahren die Prüfung dafür ablegen würde. In dem Haus des Onkel Karls in der damaligen Gronauer Straße 293 befand sich in der unteren Etage bereits ein kleines Schaufenster, weil nach dem Ersten Weltkrieg die Tante Frieda dort schon in kleinem Rahmen Taubenwolle und Handarbeitssachen zum Verkauf ausgestellt hatte. Eigentlich hatten wir keine Möglichkeiten, an Ware zu kommen, es half uns wieder Arthur Sachs aus Bielefeld. Er gab meinem Mann ohne Sicherheiten Ware im Wert von 684 DM mit. Ich werde diese Geste nie vergessen.

Hinter dem Schaufenster befand sich zunächst nur ein kleiner, zimmergroßer Verkaufsraum. Kurze Zeit nach der Eröffnung war die Ware verkauft. Obwohl mit der Währungsreform anfangs pro Kopf nur 40 DM in Umlauf gebracht waren, kauften die Leute auch neue Textilien. Mit dem Geld fuhr mein Mann mit dem Zug wieder nach Bielefeld, brachte neue Ware mit, und so konnten wir uns mit unserem neuen Geschäft bei den alteingesessenen Anbietern dazwischenarbeiten. Das Organisieren der Ware war auch für uns nicht einfach, aber es ging immer ein wenig bergan, wie es damals auch unsere Motorisierung zeigte. In der ersten Zeit fuhr mein Mann morgens um 4 Uhr mit dem Zug los, manchmal noch im Güterwagen, und ich holte ihn abends nach Geschäftsschluß vom Bahnhof ab, um beim Tragen der Ware zu helfen. Dann konnte er sich ein kleines Motorrad kaufen, auf dem ich allerdings sehr ungern hinten mitfuhr. Unser erstes Auto war ein Vorkriegsmodell, ein Opel Olympia, der aber über Jahre robust und zuverlässig uns diente. Natürlich hatte er dieses wunderbare Auto über seinen Freund Arthur Sachs bekommen. Wir gehörten zu den ersten, die in Gildehaus ein Auto fuhren. Mein Mann fuhr deshalb auch aus ganz anderen Anlässen für Freunde, Bekannte oder Kunden, mehr, als es mir manchmal recht war.

Hella und Heinz Wertheim vor ihrem Textilgeschäft in Gildehaus (1958)

Wir blieben bis zum Schluß bei der gleichen Automarke. In der Garage steht zwar jetzt das neueste Modell, aber ich traue mich nicht, es über weite Strecken zu fahren.

Wir waren beide sehr fleißig. Mein Mann reiste zu Anfang noch viel wegen der Ware umher, ich stand von morgens bis abends in unserem kleinen Laden. Das brachte mir zugleich die Praxis im Umgang mit den Kunden. In den ersten beiden Jahren studierte ich nach einem Buch Betriebswirtschaftslehre – meine theoretische Ausbildung. Natürlich hatte ich Lampenfieber, als ich vor die Osnabrücker Prüfungskommission unter der Leitung von Herrn Pfüngler trat. Ich konnte die Fragen gut beantworten und bekam die Genehmigung, das Geschäft zu führen. Wir firmierten unter »H. Wertheim«, das Geschäft lief offiziell auf meinen Namen, aber »H.« konnte ja auch Heinz heißen. Mein Mann war doch die Seele des Geschäfts.

Konkurrenz gab es genug am Ort, mehrere Geschäfte, manchmal kam man gut miteinander aus, manchmal weniger gut. Im Laufe der Zeit vergrößerten wir den Verkaufsraum. Zuerst nahmen wir ein Erkerzimmer hinzu, dann bauten wir ein Stück an. Neue Dachpfannen, neuer Anstrich, Umklinkerung des Baus, es wurde viel verändert, und der Verkauf ging immer weiter. Eine Zeitlang verkauften wir sogar in unserer Küche.

Wenn ich es recht bedenke, füllte dieses Geschäft unser ganzes Leben aus. Mein Mann hatte eigentlich keine Hobbys, nur etwas Fernsehen am Wochenende. Ich war auch für die Buchführung zuständig. Manchmal schaffte ich es nicht während der Woche, dann lagen sonntags die Geschäftsbücher auf dem Küchentisch. Wir saßen viel in der Küche, immer zwischen Tür und Angel zum Laden. Wir unterhielten uns viel miteinander.

Im Laufe der Jahre waren es nicht viele Freunde, die wir hatten. Oftmals fühlten wir uns getäuscht und zogen uns zurück. In den letzten Jahren, als wir in unserem neuen Haus wohnten, zog sich mein Mann noch mehr zurück. »Ich bin am liebsten mit Dir allein!« sagte er. Dahinter stand, daß er keine Verbindungen mit anderen mehr eingehen wollte, weil er nicht enttäuscht werden wollte.

In den ersten Jahren gönnten wir uns keinen Urlaub, das Geschäft lief weiter. Nach 15 Jahren fuhren wir das erste Mal für acht Tage nach Norderney. Ich bin so gerne an der See, mein Mann zog die Berge vor. Dann fanden wir doch Gefallen am Reisen und schlossen fast jedes Jahr nach dem Sommerschlußverkauf. Wir hatten doch einen großen Nachholbedarf. Österreich, die Schweiz, Oberitalien, das Elsaß und immer wieder auch Fahrten durch Süddeutschland wurden von uns unternommen. Fast nie blieben wir lange an einem Ort, immer fuhren wir weiter, um noch mehr kennenzulernen.

So besuchten wir auch zweimal Israel. Beim ersten Besuch 1965 lernten wir bei einer Rundreise das ganze interessante Land ein wenig kennen. Ich konnte mir jedoch nicht vorstellen, daß es mein Zuhause wäre.

Hella Wertheim mit Ellen Eliël, der holländischen Lagergefährtin und Freundin

Ich mag die Holländer

Gildehaus liegt direkt an der holländischen Grenze. So gibt es natürlich Kontakte, aber meine Gefühle für die Holländer gehen tiefer. Ich bemerkte manches Mal zu meinem Mann, wenn wir über die Grenze fuhren: Es ist dieselbe Landschaft wie bei uns, hier ist die Grenze, und dann in Holland fühlt man anders – in einem anderen, noch freieren Land.

Als Kind hörte ich von meiner Pensionsmutter in Königsberg zum ersten Mal davon, daß viele deutsche Juden vor den Nazis über die Grenze nach Holland geflohen waren. Meine Pensionsmutter stand in enger Verbindung mit der jüdischen Gemeinde, wo sie von den Fluchtmöglichkeiten nach Holland erfahren hatte. Damals in Königsberg hatte ich allerdings von Westerbork noch nichts gehört, das zunächst die Holländer selbst als Auffanglager für die vielen Flüchtlinge nach Holland aufgebaut hatten. Mit der Besetzung Hollands durch die Deutschen fiel dieses Land nicht nur als Fluchtmöglichkeit aus, vielmehr wurden die Menschen erneut verfolgt, die in Holland Schutz vor den Nazis gesucht hatten. Auch die grausame Verfolgung und Ermordung der holländischen Juden stand bevor. So richteten die Nazis nun Westerbork als Konzentrationslager ein, wo die Juden Hollands und die nach Holland geflüchteten Juden als Zwischenstation vor dem für sie ungewissen Weg in die Vernichtungslager im Osten gefangengehalten wurden.

Vergleichsweise viele Juden konnten sich jedoch dem Zugriff der Nazis entziehen, wenngleich, wie Anne Frank und ihre Familie, viele auch später noch entdeckt oder verraten wurden und den Nazis in die Hände fielen. Dieses Untertauchen war aber nur deshalb möglich, weil – anders als in Deutschland – vergleichsweise viele nicht-jüdische Holländer bereit waren, unter eigener Lebensgefahr Juden zu verbergen und so deren Leben zu retten. Aus der unmittelbaren Verwandtschaft meines Mannes kann ich über eine beispielhafte Geschichte berichten:

Regine, eine Tante meines Mannes, die wie seine Mutter aus Raesfeld im Kreis Borken stammte, war verheiratet und hatte mehrere Kinder. Eine Tochter, Marta van Cleff, arbeitete als Verkäuferin in Borken, bis sie als Haustochter zu der begüterten Viehhändlerfamilie Jakobs nach Lathen ins nördliche Emsland ging. Dort lernte die Cousine meines Mannes einen jungen Mann mit dem Familiennamen Cohen kennen, der ebenfalls für die Familie im Bereich des Viehhandels beschäftigt war. Die beiden jungen Leute heirateten. Bald empfanden aber Marta und ihr ebenfalls jüdischer Mann die Verhältnisse in den dreißiger Jahren so bedrückend, daß sie über die grüne Grenze nach Holland gingen. Als Holland von den Nazis besetzt wurde, wußten sie nicht, was sie tun sollten.

Schließlich konnten die beiden in Twente in der Nähe des Flugplatzes über Jahre bei einem holländischen Bauern untertauchen, der sie oben im Heu versteckte und sie auch versorgte. Irgendwann erwartete Marta ein Baby. Der fantastische Knecht auf dem Hof, der besonders viel für die beiden tat, brachte die Schwangere zur Geburt ins Krankenhaus, wo die Krankenschwester

Stichwort: Die Niederlande zwischen 1933 und 1945

Die positive Darstellung von Toleranz, Solidarität und Hilfe der Niederländer gegenüber Juden ist aus der selbstkritischen Sicht niederländischer Historiker in einigen Aspekten relativiert worden.

Bestätigt wird im positiven Sinne, daß es in den Niederlanden gegenüber ihrer jüdischen Minderheit seit der Einwanderung der sephardischen Juden im 16. Jahrhundert bis zur deutschen Besetzung niemals Judenverfolgungen und auch nicht vereinzelte Pogrome gegeben hat. Eine Reihe von Städten nahm Juden in großer Zahl auf. Zwar lebten sie, vor allem in Amsterdam, häufig in bestimmten Stadtvierteln, aber dies war nicht von oben erzwungen. Und es ist auch richtig, daß in Verbindung mit der eigenen Geschichte in weiten Kreisen die Werte Freiheit, Toleranz und Gewissensfreiheit auch auf die jüdische Minderheit Anwendung fand.[75]

Es bestanden zwischen den sephardischen (iberischen) Juden, die teilweise eine vermögende aristokratische Elite bildeten, und den nach 1630 verstärkt zuwandernden Juden aus deutsch-polnischen Gebieten, die auch in den Niederlanden zumeist sehr verarmt blieben, starke Spannungen. Durch verschiedene Verordnungen bedingt, durch traditionelle Eigenarten, Bräuche, Gewohnheiten, Sprache, Religion und Kleidung blieben die Juden trotz der ihnen gewährten Gastfreiheit für viele Nichtjuden Fremde, wobei häufig neben einem religiös motivierten Antisemitismus eine von Vorurteilen geprägte, »aus ökonomischen und sozialen Ursa-chen herrührende antijüdische Haltung«[76] bestand. »Auch die Emanzipation (1796) brachte nur die juristische Gleichstellung der holländischen Juden, die im Gesetz nicht mehr geltende Diskriminierung der Juden in der sozialen Praxis des täglichen Lebens (sollte) nicht verschwinden.«[77] In der Tendenz bestand diese Situation – unterschiedlich ausgeprägt bei Gruppen mit unterschiedlichen politischen, kirchlichen oder sozialen Hintergründen – auch bis in die dreißiger Jahre dieses Jahrhunderts hinein. Im Vergleich zu anderen Ländern war der Antisemitismus vergleichsweise mild.

> »Es muß aber auch konstatiert werden, daß von einer vollständigen Integration als Folge der Emanzipation nicht die Rede sein kann, und erst recht nicht von einer Assimilierung ›der‹ Juden innerhalb der niederländischen Gesellschaft. Die Tradition der Toleranz, die nur auf der Überzeugung basiert, daß der Pluralismus eine positiv zu bewertende Errungenschaft sei, unterstützte den Fortbestand abgesonderter jüdischer Gruppen. Die Kraft der jüdischen Tradition selbst, der zusammentreibende Druck der vielen Ausformungen von Diskriminierung brachte die ›Juden‹ nicht zusammen, hielt sie jedoch im Abseits.«[78]

Ansetzend bei dieser Spannungssituation sei die besonders mit der heutigen Kenntnis der weiteren Entwicklung unangemessene Haltung bis zu einem gewissen Grade zu erklären, die von dem Leidener Professor für niederländische Geschichte, Ivo Schöffer, beschrieben wird als »allgemein anfänglich so ergebene Hinnahme«[79] der ersten Maßnahmen der deutschen Besatzer gegen die niederländischen Juden.

Die Positionen, die in den Niederlanden nach 1933 gegenüber den deutschen Nationalsozialisten ein-

---

75) *Vgl. Ivo Schöffer: Die Niederlande und die Juden in den dreißiger Jahren, in: Kathinka Dittrich / Hans Würzner (Hrsg.): Die Niederlande und das deutsche Exil. 1933–1955, Königstein/Ts. 1982, S. 61 ff.*
76) *Ebenda S. 64.*
77) *Ebenda, S. 65.*
78) *Ebenda, S. 69.*
79) *Ebenda, S. 71.*

und Ärzte ebenfalls, ohne zu zögern, halfen, und Marta konnte ihren Sohn im Krankenhaus zur Welt bringen. Sie konnte den Säugling nicht mit in ihr Versteck nehmen, und so gab sie ihr Kind bis zum Kriegsende in Pflege. So ging es die ganze Zeit gut, bis leider in den Kämpfen der anrückenden Alliierten ihr Mann doch noch sein Leben verlor. Er wurde, als sie beide auf dem Heu lagen, von einem Splitter eines Geschosses getroffen, das ein alliiertes Flugzeug abgeschossen hatte. Marta berichtete uns bei einem Besuch nach dem Krieg, daß der Splitter nur eine äußerlich kleine Wunde an der Schläfe hervorgerufen hatte, die kaum blutete. Der Knecht fuhr ihren Mann sofort mit dem Heuwagen nach Hengelo ins Krankenhaus, aber er starb noch in der folgenden Nacht.

»Da saß ich nun nach der Befreiung«, erzählte Marta uns später, »hatte meinen Mann verloren, bekam meinen kränklichen Jungen zurück, sollte mich um meine halbverhungerte Mutter Regine kümmern, die anderswo untergetaucht war, besaß nichts mehr und wußte nicht, wo ich bleiben sollte!« Es war wieder der fantastische holländische Knecht, der weiterhalf und sie vorübergehend aufnahm. Sie konnte sich schließlich unter den schweren Bedingungen doch durchschlagen. Ihr Sohn wurde ein großer, stabiler Junge, der dann nach Neuseeland auswanderte. Marta selbst blieb in Holland, heiratete den Vetter ihres ersten Mannes namens van Dam, der in Westerbork überlebt hatte. Sie wohnten zuerst in Enschede und zogen dann nach Assen, wo mein Mann und ich sie häufig besuchten. Mein Mann Heinz mochte seine Cousine sehr gern.

Westerbork, durch das etwa 110 000 zumeist holländische Juden in die Lager im Osten geschleust wurden, besuchten die van Dams nie, obwohl es so dicht vor ihrer Haustür bei Assen liegt. Zu viele schlimme Erinnerungen sind für ihn, diesen inzwischen fast Achtzigjährigen, damit verbunden. Er konnte in Westerbork bis zum Schluß bleiben und so sein Leben retten, weil er der SS direkt unterstellt war und für sie Hilfsdienste leistete. Seine Mutter und seine Schwestern hingegen wurden aus Westerbork mit dem Zug abtransportiert und überlebten nicht.

Vielleicht war es unbewußt, auch mein Mann und ich, die wir so häufig nach Assen kamen, brachten es erst Mitte der achtziger Jahre fertig, das Lagergelände und die Gedenkstätte Westerbork aufzusuchen. Wir schauten uns alles an, aber lange, lange stand ich vor der großen Abbildung des Eisenbahnschildes auf einem Güterwaggon mit der Aufschrift: Westerbork–Auschwitz.

Ellen, meine Amsterdamer Zimmergefährtin in Theresienstadt, war auch über Westerbork gekommen. Mein Eindruck war, daß es für die holländischen Juden in den Lagern auch besonders schwer zu ertragen war, weil sie in Holland mit ihrem hohen Lebensstandard ein gutes Leben gewohnt waren. So war, auch wenn man nicht gleich in die Todesmaschinerie geschickt wurde, die Umstellung auf Entbehrung oder schwerste körperliche Arbeit für sie kaum zu bewältigen.

genommen wurden, waren vielfältig, insgesamt jedoch, zum Beispiel auf Regierungsseite, weniger distanziert ablehnend, als oft angenommen.

Aber die unter der Führung von A.A. Mussert stehende niederländische nationalsozialistische Partei (NSB), die anfangs eher am italienischen Faschismus und auch zunächst nicht antisemitisch orientiert war, erhielt bei Wahlen 1935 nicht mehr als 8% der Stimmen und zwei Jahre später nur noch 4%. Die Kritik des Direktors des »Staatlichen Instituts für Kriegsdokumentation« in Amsterdam, Harry Paape, richtet sich (1982) auch dagegen, daß in den Niederlanden allgemein anfangs die Bedrohung des Nationalsozialismus nicht begriffen, sondern er sogar häufig als nützlicher »Bremsblock des Kommunismus« eingeschätzt wurde.[80] Fataler Ausdruck dieser noch näher zu erläuternden »Neutralitätspolitik« gegenüber dem nationalsozialistischen Deutschland war die Politik gegenüber den etwa 50- bis 60000 Emigranten bzw. gegenüber den Einreisewilligen, die bei einer insgesamt restriktiven Politik gegenüber Emigranten und Flüchtlingen gar nicht in die Niederlande hineingelassen wurden.

Angesichts einer komplizierten Parteienlandschaft in den Niederlanden, bei der sich in ihrem Verhältnis zum Nationalsozialismus dabei noch merkwürdige Entwicklungen vollzogen, soll hier nur die Haltung der Regierung dargestellt werden.[81]

In der ersten Phase, 1933 bis zum Frühjahr 1934, als viele Juden aus Deutschland emigrierten, um den Sturz des NS-Regimes abzuwarten und dann zurückzukehren, »gab (es) keine wirklichen Beschränkungen für die Zulassung von Flüchtlingen ins Land.«[82]

Insgesamt hielten sich im Jahre 1941 rund 15000 deutsch-jüdische Flüchtlinge in den Niederlanden auf, wobei zuvor weitere gut 7000 Flüchtlinge nach einem längeren Aufenthalt das Land verlassen hatten. Die niederländische Regierungspolitik der Jahre 1934–1938, in denen die deutsch-jüdische Emigration insgesamt wesentlich nachließ, war auf niederländischer Seite durch stärkere Zulassungsbeschränkungen und Beeinträchtigungen auch für die bereits in Holland sich befindlichen Flüchtlinge charakterisiert. Teilweise wurden Flüchtlinge ausgewiesen.[83]

In der dritten Phase nach dem März 1938 verfolgte die niederländische Regierung – wie die meisten anderen Länder auch – eine Politik der geschlossenen Grenze. Allgemein wurden die Zulassungsbeschränkungen so verschärft, daß bei Ausnahmefällen eine Einreise nicht mehr möglich war und nicht registrierte Flüchtlinge, die im Land gefunden wurden, ausgewiesen werden mußten.

> »Die Kristallnacht (9.–10. November) rief in der niederländischen öffentlichen Meinung einen moralischen Aufruhr hervor. Zum Teil aufgrund dieses Druckes beschloß die Regierung, 7000 statt der geplanten 2000 Flüchtlinge zuzulassen. Diese Zahl stieg dann bis zum März 1939, wenn man die illegalen Flüchtlinge mitrechnet, auf 10000 an.

> Grundsätzlich änderte die Politik sich jedoch nicht, und nachdem die festgesetzte Quote erreicht war, wurden alle Tore wieder geschlossen«.[84]

Bei der Frage, was die wesentlichen Hintergründe dieser Regierungspolitik waren, werden unterschiedliche Momente angeführt.

Neben Einflüssen eines latenten Antisemitismus, in den auch Überfremdungsängste hineinspielten, war

---

80) *Vgl. Harry Paape: Die Niederlande und die Niederländer, in: Dittrich, Niederlande, wie Anmerkung 75, S. 9 ff.*

81) *Vgl. dazu Frits de Jong Edz: Die Herausforderung der neuen Rechten, in: Dittrich, Niederlande, wie Anmerkung 75, S. 33 ff.*

82) *Dan Michman: Die jüdische Emigration und die niederländische Reaktion zwischen 1933 und 1940, in Dittrich, Niederlande, wie Anmerkung 75, S. 75.*

83) *Diese Angaben ebenda, S. 73 ff.*

84) *Ebenda, S. 76.*

Meine Amsterdamer Freundin Ellen erlebte mit mir die Befreiung in Lenzing. Ich durfte zwar nach dem Krieg nicht in Holland bleiben, aber wenigstens den Kontakt haben wir über die Jahre aufrechterhalten. Ellen hat bis heute psychisch sehr unter den Auswirkungen ihrer Lagerzeit, unter ihrem KZ-Syndrom, zu leiden. Während das psychische Verarbeiten der Lagerzeit bei den überlebenden und in Deutschland gebliebenen Juden dem Zufall oder dem Bemühen des einzelnen überlassen blieb, richteten die Holländer zum Beispiel in Leiden ein psychotherapeutisches Institut ein, das auf die Betreuung überlebender Juden und Widerstandskämpfer spezialisiert ist.

Ich mag die Holländer auch, weil viele von alters her ungezwungener und selbstverständlicher mit den Fremden umgehen konnten, die nach Holland kamen. Diese liberale Mentalität, die sich schon bei der Aufnahme der Juden zeigte, die die Inquisition um 1500 n.Chr. aus Spanien vertrieb, bewirkte auch, daß der Antisemitismus in Holland viel weniger ausgeprägt war als in Deutschland. Die große Amsterdamer jüdische Gemeinde existiert heute nicht mehr. Ich konnte es aber selbst in Amsterdam erleben, wie heute der holländische Staat und die Stadt Amsterdam sehr viel tun, um die nun nicht mehr von Gläubigen genutzten Synagogen zu erhalten, zu restaurieren und teilweise als Museen oder Gedenkstätten neu zu nutzen.

Mir gefällt auch einfach, wenn ich im holländischen Fernsehen eine dunkelhäutige Nachrichtensprecherin sehe. Es scheint mir, als ob in Holland Rassenhaß und extremer Nationalismus nicht so in den Vordergrund gelangen können, als ob es dort zuerst auf den Menschen, seinen Charakter und seine Leistung ankommt.

Als wir in den sechziger Jahren den Krach mit der Schmiede und den damit verbundenen Ärger in der Nachbarschaft kaum mehr ertragen konnten, überlegten wir ernsthaft, Deutschland zu verlassen und in der Nähe von Freunden im holländischen Enschede noch einmal neu anzufangen. Bei den Behörden in Enschede stellte sich heraus, mit welchen Schwierigkeiten das verbunden wäre. Schließlich hielt uns unser damaliger Steuerberater zurück. »Was wollen Sie hinaus in die Weltgeschichte? Hier haben Sie Ihre Existenz, hier haben Sie Ihr Auskommen!«

es die genannte Unkenntnis und Unterschätzung des Nationalsozialismus. Dazu gehört auch, daß man hoffte, dem mächtigen und bedrohlichen Nachbarn Deutschland gegenüber durch eine eher entgegenkommende Politik die eigene Souveränität besser erhalten zu können. Sowohl bei Dan Michman als auch bei Ger van Roon[85] werden ökonomische Gründe als letztlich ausschlaggebend für die Haltung der niederländischen Regierung genannt.

Während Michman bei der (abklingenden) Weltwirtschaftskrise, die in den Niederlanden die Arbeitslosigkeit 1936 auf 17,5% getrieben hatte, die Kosten und die durch die Einreisenden befürchtete wirtschaftliche Konkurrenzsituation betont, stellt Ger van Roon daneben heraus, daß Deutschland wichtigster Handelspartner der Niederlande war und auch nach 1933 blieb.

Im Rahmen einer verschiedene Phasen durchlaufenden Neutralitätspolitik wurde

>Nicht-Intervention ... das neue Leitmotiv der niederländischen Außenpolitik... Es war die verzweifelte Reaktion eines Kleinstaates auf die Nicht-Existenz einer kollektiven Sicherheit, einer Isolations- statt einer Koalitionspolitik, in der Hoffnung, daß Hitler-Deutschland die Niederlande nicht angreifen würde.«[86]

Die niederländische Variante der Appeasement-Politik scheiterte an Hitlers außenpolitischen Plänen. Hitler war nicht saturierbar, und die Neutralität eines Landes zählte für ihn bei der rücksichtslosen Durchsetzung seiner Ziele u.U. nichts.

Das darf bei allen kritischen Anmerkungen nicht vergessen werden: Momente des zu kritisierenden Reagierens auf holländischer Seite sind in ihrer Möglichkeit und Gewichtung immer im Zusammenhang mit den ursächlichen Bedrohungen und Verbrechen des Nationalsozialismus zu sehen.

Der Angriff der deutschen Truppen erfolgte am 10. Mai 1940. Nach verheerenden Bombenangriffen auf Rotterdam kapitulierten die Niederlande vor der Übermacht der deutschen Truppen am 15. Mai 1940. In der harten Besatzungszeit bewegte sich die Lage der Niederländer zwischen Unfreiheit, Terror und Verfolgung. Widerstand gegen die Besatzung und Solidarität mit den Verfolgten bildeten sich nun verstärkt heraus, auch wurde verstärkt geholfen, daß politisch Verfolgte untertauchen konnten. Dies gilt auch in besonderer Weise für die zunehmend diskriminierten, entrechteten und bedrängten niederländischen und teilweise auch für immigrierte Juden, denen von privater Seite mehr Hilfe als anderswo entgegengebracht wurde. Das von Hella Wertheim angeführte Beispiel des großartigen Verhaltens des Bauers aus Twente stellt keinen Einzelfall dar, wie wir es zum Beispiel auch aus der tragisch endenden Geschichte der Anne Frank und ihrer Familie kennengelernt haben.

Mit den Deportationen in das Durchgangslager Westerbork wurde die Ermordung von über 100 000 niederländischen Juden und ebenfalls der in die Niederlande emigrierten Juden vorbereitet. Bemerkenswert ist, daß sich hier in den Niederlanden über 20 000 Juden retten konnten, weil sie von hilfswilligen Personen, Familien oder Organisationen im Untergrund unterstützt und gedeckt wurden.

Während des harten Winters vor der Befreiung litt die Zivilbevölkerung unter Kälte und Hunger. An den Folgen von Hunger und Entbehrung starben in dem Zeitraum Dezember 1944 bis zur Befreiung im Mai 1945 über 15 000 Niederländer.[87]

---

85) Vgl. Ger van Roon: Die Politik der niederländischen Regierung gegenüber Hitler-Deutschland, in Dittrich, Niederlande, wie Anmerkung 75, S. 22 ff.

86) Ebenda, S. 25.

87) Vgl. Rijksinstituut voor Oorlogsdocumentatie: Herinnerungscentrum Kamp Westerbork, Amsterdam 1984.

Schild des Deportationszuges (Ausstellung Westerbork)

Stichwort: Das Lager Westerbork

Das niederländische Lager Westerbork, südlich der Stadt Assen gelegen, bedeutete für etwa 100 000 niederländische Juden und auch viele deutsche Juden, die vor dem nationalsozialistischen Terror in die Niederlande geflüchtet waren, Sammelstelle und Durchgangsstation auf dem Weg in den Tod. Von Westerbork aus gingen zwischen Sommer 1942 und Herbst 1944 die Transporte zumeist in die Vernichtungslager Auschwitz und Sobibor. Einige Deportationszüge führten auch nach Theresienstadt und (wie bei Hella Wertheims niederländischer Lagergefährtin Ellen Eliël und ihrer Mutter zunächst) nach Bergen-Belsen. Kleinere Transporte gingen in die Lager Buchenwald und Ravensbrück. Von den aus Westerbork abtransportierten Juden überlebte nur jeder zwanzigste. 751 Juden starben in Westerbork. Die nach dem letzten Transport im Lager verbliebenen 876 Gefangenen wurden am 12. April von den Kanadiern befreit.

Im Zuge ihrer restriktiven Politik gegenüber deutsch-jüdischen Flüchtlingen hatte, als nach den Zerstörungen und Verfolgungen der Pogromnacht des 9./10. November 1938 ein neuer Flüchtlingsstrom aus Deutschland einsetzte, die niederländische Regierung Anfang 1939 beschlossen, ein Flüchtlingssammellager zu bauen, in das 1940 etwa 740 überwiegend deutsche Flüchtlinge eingewiesen waren. Als nach der deutschen Besetzung der Niederlande die Deutschen im Juli 1942 das direkte Oberkommando des Lagers übernahmen, war es schon erheblich für seine kommende Funktion als Durchgangsstation für alle niederländischen Juden ausgebaut worden.

Auf einem großflächigen, einsamen Gelände lebten die Gefangenen in gleichmäßig angeordneten Holzbaracken. »Het leven in het Judendurchgangslager Westerbork was draalijk, maar ... (Das Leben im Judendurchgangslager Westerbork war erträglich, aber ... M.R.)«, heißt es in der vom Amsterdamer Reichsinstitut für Westerbork herausgegebenen Broschüre.[88]

Aber während unter einer internen jüdischen Lagerleitung die Gefangenen lebten, teilweise arbeiteten oder gar an den auf hohem Niveau stehenden, von bekannten inhaftierten Künstlern dargebotenen Veranstaltungen teilnahmen, wurde das Leben von dem quälenden Gedanken bestimmt, ob man selber bei dem nächsten Transport dabei sein würde. Keiner wollte – obwohl wie in Theresienstadt die wahre Bedeutung von Auschwitz und Sobibor nicht bekannt, vielleicht eher geahnt wurde – zu den über einen längeren Zeitraum jeweils Dienstag mit etwa 1000 Menschen abgehenden Transporten gehören.

Da diese als »Arbeitseinsatz im Osten« bezeichneten Transporte von der jüdischen Lagerleitung selbst zusammengestellt werden mußten, hofften viele wie in Theresienstadt durch wohlfeiles Verhalten oder durch die Übernahme vermeintlich unersetzlicher Funktionen der Negativauswahl zu entgehen. Ein ausgeklügelt erscheinendes System, das bis zum Schluß ermöglichte, daß über 100 000 Opfer aus Westerbork in Sinne der Täter reibungslos in den Tod geschickt werden konnten. Nur 210 Häftlinge konnten aus dem Lager fliehen.

In den Niederlanden verpaßte man – genau wie auf dieser Seite der Grenze bei den Emslandlagern –, das Lager Westerbork selbst als geschichtliches Dokument und Mahnmal zu erhalten; die Baracken wurden 1970, nachdem sie zuletzt als Behausung für Molukken gedient hatten, abgerissen. Einem veränderten Bewußtsein entsprechen die inzwischen erfolgte Bewahrung des Geländes mit der Errichtung eines Mahnmals (s. Bild) und der Bau einer informa-

---

88) Vgl. *Rijksinstituut voor Oorlogsdocumentatie, wie Anmerkung 87; auch die weiteren Fakten zu diesem Stichwort sind dieser Broschüre entnommen.*

Bleiben in Deutschland

Bei der Befreiung war ich völlig abgemagert. Ein großes Problem in der Nachkriegszeit wurde für mich, daß ich mit meinem Körpergewicht lange nicht mehr normale Werte erreichte. Über zwanzig Jahre lang blieb mein Gewicht unter 95 Pfund, obwohl wir viel versuchten, etwas dagegen zu tun. Heilpraktiker in Nordhorn und Westfalen halfen ebensowenig wie ein teuer bezahlter Professor in Münster. Sie konnten es sich nicht erklären, daß ihre Mittel nicht halfen. Wahrscheinlich konnte es auch kaum gelingen, weil sie nicht wußten, welche Vergangenheit in mir steckte. Bierkuren, Sahnekuren, ich versuchte alles, nichts half. Nach zwanzig Jahren bekamen wir den Rat, es einmal mit dem Elixier »Doppelherz« zu versuchen, das ich dann jahrelang zu jeder Mahlzeit zu mir nahm. Das half mir, zumal man eine Überfunktion der Schilddrüse feststellte und behandelte. Ich wurde etwas molliger. Mein körperlicher Zustand erlaubte aber, daß ich bei nur zwei krankheitsbedingten Unterbrechungen all die Jahre im Geschäft tätig sein konnte.

Die Rolle meines gütigen Mannes in dieser schweren Zeit, der immer seine Hand über meinen Kopf hielt, erwähnte ich schon. Denn seelisch wurde uns von außen nicht geholfen, wir mußten selber mit unserem erlebten Schicksal und mit unserem KZ-Syndrom, so gut es ging, fertigwerden. Für uns war sicher wichtig, daß wir untereinander gemeinsam viel über unser Schicksal dachten und sprachen. Wir sahen uns die Sendungen über die Nazizeit bewußt an, auch wenn sie erst spät abends gesendet wurden. Und dann mußten wir uns danach noch darüber unterhalten. Besondere Daten allerdings der eigenen Lagergeschichte brachten und bringen jährlich wiederkehrende schwere Tage. Die Erinnerungen an die Vergangenheit werde ich solange tragen, wie ich lebe.

In den fünfziger Jahren bekamen wir eine Haftentschädigung, genauso wie Gefangene heute, die unschuldig inhaftiert waren, eine Entschädigung bekommen. Wir stellten die Anträge, in die man alle Einzelheiten hineinschreiben mußte, und hatten das Gefühl, daß uns diese Entschädigung auch wirklich zustand. Um eine nachträgliche Vergütung für meine Arbeit in Lenzing bemühte ich mich bis heute nicht. Aber mich ärgert es maßlos, wenn ich zum Beispiel im Fernsehen verfolgen muß, wie ein »Herr Direktor« der Firma Siemens solche Ansprüche vom hohen Roß herunter abhandelt. Die deutsche Industrie, die sich wie Mercedes, Volkswagen oder die IG Farben in der Nazizeit der sogenannten Fremdarbeiter und Häftlinge als billige Arbeitskräfte bediente oder sogar zum Beispiel bei Auschwitz das Werk direkt neben dem Konzentrationslager errichtete, profitierte von diesem mörderischen System im großen Stil. Für mich bedeutete das Geld eine Entschädigung. Eine »Wiedergutmachung« für das Erlittene, wie man manchmal unangebracht sagt, kann es nicht geben.

Der Versuch, sich mit anderen über die Vergangenheit intensiv auseinanderzusetzen, wurde bis

tiven Gedenkstätte in der Nähe des ehemaligen Lagers, die mit ihrer lohnenswerten ständigen Ausstellung drei Themenkreise veranschaulicht: die allgemeine Geschichte und Bedeutung der niederländischen Juden, die Besatzungszeit in den Niederlanden mit dem Schwerpunkt der Judenverfolgung und die Geschichte des Lagers Westerbork.

Mahnmal Westerbork von Ralph Prins

jetzt nicht so richtig unternommen. Wenn wir hörten, daß andernorts die Gemeinden oder andere Organisationen sich um die Überlebenden kümmerten und versuchten, sie irgendwie einzubeziehen, fühlten wir uns noch lange Jahre nach dem Krieg alleingelassen. Mein Mann stellte oft bedauernd fest, daß man uns eher aus dem Weg ginge. Er kommentierte das mit den Worten: »Man läuft noch immer, besonders in kleinen Orten, mit dem Stern herum, auch wenn man keinen mehr sichtbar trägt.«

Die Gronauer Straße, in der wir wohnten, wurde mehrmals umbenannt: Aus dem »Bahndamm« und dem späteren »Vereinshausweg« wurde bis heute die »Heinrich-Klopper-Straße«, in Erinnerung an den Gildehauser Widerstandskämpfer, der in einem Haus dieser Straße gewohnt hatte und der von den Nazis umgebracht worden war. Die Umbenennung der Straße auf seinen Namen erfolgte über vierzig Jahre später. Eine Ehrung, die reichlich spät kam. Besonders mein Mann war sehr ungehalten darüber, daß die Honoratioren, an der Spitze Bürgermeister Somberg, nicht auch einmal bei uns hereinschauten.

Ich glaube, es gibt heute beide Entwicklungen. Die einen wollen nichts mehr hören von der Vergangenheit, die anderen wollen immer mehr erfahren, auch um vor den sich abzeichnenden unerfreulichen Tendenzen eines verstärkten Neonazismus und ansteigender Ausländerfeindlichkeit zu warnen.

Der Lingener Arbeitskreis Judentum – Christentum zum Beispiel, dessen Vorsitzender Josef Möddel dankenswerterweise bemüht war, auch uns in den Kreis einzubeziehen, arbeitet im Sinne einer Verständigung.

Auch bei den Veranstaltungen zum 9. November spürten wir den guten Willen, verstehen zu wollen, was da geschah. Für die zerstörten Synagogen – hier in Bentheim allerdings nicht dort, wo er eigentlich hingehört hätte – wurden wenigstens Gedenksteine eingeweiht.

Es erscheint mir auch so, daß sich in Gildehaus, nachdem früher nicht viel Verständnis für unser Schicksal spürbar war, in diesen letzten Jahren ein gewisses Interesse für die ehemaligen und die wenigen jetzt hier noch lebenden Juden herausbildet.

Eine Begegnung mit einer Neuenhauser Schulgruppe ist hier positiv zu erwähnen. Die Schüler der Kooperativen Gesamtschule Neuenhaus hatten eine beeindruckende Ausstellung über die Konzentrationslager aufgebaut. Bei dem Besuch der Ausstellung kamen mein Mann und ich mit ihnen ins Gespräch. Ihr Interesse war so groß, daß die Schülergruppe uns bat, an ihrer Studienfahrt nach Theresienstadt teilzunehmen. Mein Mann hatte nie seine Ängste überwinden können, ein Land des damaligen Ostblocks zu besuchen. Aber hier waren wir so gerührt, daß wir die Gruppe nach Theresienstadt begleiten wollten. Dieses erste Mal, daß sich jemand für unsere Geschichte außerordentlich interessierte, lag im Frühjahr 1987. Leider verhinderte, nachdem die Visa schon beschafft waren, die Krankheit meines Mannes, daß meine Wiederbegegnung mit Theresienstadt zusammen mit ihm noch möglich wurde.

Stichwort: Entschädigung

Es brauchte einige Zeit, bis klar wurde, daß angesichts des Unrechts nationalsozialistischer Herrschaft Begriffe wie »Bewältigung der Vergangenheit« und »Wiedergutmachung« schon in ihrer Wortwahl unangemessen waren. Und auch der im folgenden noch kritisch zu hinterfragende Versuch, durch Entschädigungszahlungen Unrecht zu begleichen, konzentriert sich auf einen rein materiellen Aspekt, der oft genug den menschlichen Ausgleich vernachlässigte, oder gar die Opfer quälender bürokratischer Prozeduren unterwarf und unterwirft. Der Kreis der überlebenden Opfer des Nationalsozialismus, denen häufig bis heute nicht zu ihrem Recht verholfen wurde, umfaßt nicht nur die Überlebenden der Konzentrationslager. Ansprüche für geleistete Zwangsarbeit bestehen für die Überlebenden und heute noch Lebenden der etwa 500 000 KZ-Häftlinge sowie für die ursprünglich etwa 7,8 Millionen im Arbeitseinsatz befindlichen ausländischen Zivilarbeiter und Kriegsgefangenen.

Die meisten betroffenen Unternehmen, die in den Jahren des Zweiten Weltkrieges von der für sie fast kostenlosen Zwangsarbeit profitierten, weigerten und weigern sich bis heute, Ansprüche überhaupt anzuerkennen. Die Firma Siemens lehnte zum Beispiel eine Verantwortung für die Zwangsarbeit ab, indem Siemens sie als eine von der Regierung angeordnete Maßnahme im Krieg bezeichnete – und bekam in dem von der ehemaligen Zwangsarbeiterin Waltraut Blass geführten Prozeß Recht. Im Urteil im Jahre 1990 wird dies jedoch damit begründet, daß zivile Ansprüche auch in diesem Falle nach 30 Jahren verjährt seien. Andere Firmen versuchen vorsichtig, ihre Geschichte zwischen 1933 und 1945 nicht mehr zu verdrängen. »Daimler Benz zahlte 1988 immerhin eine Entschädigung von zwanzig Millionen Mark und stiftete ein Denkmal für die Zwangsarbeiter.«[89]

Hella Wertheim hat nie Ansprüche gegenüber der Lenzing AG gestellt. Der inzwischen in den Ruhestand getretene Leiter der Presseabteilung der Lenzing AG setzt sich persönlich sehr für die Aufarbeitung auch der dunklen Kapitel der Firmengeschichte ein. Als Leiter der Pressestelle war er jedoch durch eine Weisung des Vorstands gebunden, so daß er bei den Recherchen über das Lager und die Zwangsarbeit in Lenzing nicht weiterhelfen durfte.

Hella Wertheim hat nach dem »Sonderhilfegesetz Entschädigung für NS-Opfer von der Bundesrepublik Deutschland von 1953« eine Zahlung erhalten, die nach der Zahl ihrer Tage in den Lagern berechnet wurde.

Gegenüber ausländischen Opfern des Nationalsozialismus hat die Bundesregierung über Jahrzehnte zivilrechtliche Forderungen abgelehnt. Aus einer Position heraus, die sich auf das Londoner Schuldenabkommen von 1953 beruft, nach der bis zu einem Friedensvertrag Reparationsansprüche zurückgestellt würden, verpflichtete sich die Bundesregierung allerdings in bilateralen Abkommen mit Israel und zwölf westeuropäischen Ländern, Entschädigungszahlungen an die entsprechenden Staaten zu leisten. Israel und die Jewish Claims Conference erhielten nach 1953 3,5 Milliarden DM, die anderen Staaten insgesamt 876 Millionen DM. Der großen Zahl der Geschädigten in den Ländern des Ostblocks gegenüber betrachtete sich die alte Bun-

---

89) *Eva Meschede: Gerechtigkeit, verjährt, in: DIE ZEIT 36 – Hamburg, 31. August 1990, obige Angaben nach Ulrich Herbert: Arbeit und Vernichtung, in: DIE ZEIT 37 – Hamburg, 6. September 1991. Weiterführende Literatur zur Thematik Zwangsarbeit und Entschädigung ebenda sowie: Hermann Kaienburg: »Vernichtung durch Arbeit«. Der Fall Neuengamme, Bonn 1990. Helga und Hermann Fischer Hübner (Hrsg.): Die Kehrseite der »Wiedergutmachung«. Das Leiden von NS-Verfolgten in den Entschädigungsverfahren, Gerlingen 1990.*

Wir konnten uns mit unserem Textilgeschäft gegen die zwei, zuweilen drei Mitkonkurrenten am Ort behaupten. Wir veränderten und modernisierten ständig, und wir konnten gut davon leben, aber es blieb doch immer unser kleines Familiengeschäft.

Als wir 1978 am Rande von Gildehaus in unser geräumiges neues Haus einzogen, das ruhig gelegen ist und von dem wir einen herrlichen Blick in die Landschaft herab von den letzten Ausläufern des Teutoburger Waldes genossen, erfüllte sich mit diesem Haus ein Lebenswunsch meines Mannes, nämlich Ruhe zu finden und in Ruhe das Alter zu erleben.

Es hätte alles gut werden können, wenn mein Mann nicht eine Blutkrankheit bekommen hätte, die ihm seit ihrem ersten Auftreten 1973 sehr zu schaffen machte. Wir wußten nicht, sollten wir unser Geschäft weiterführen oder aufgeben. Eines Tages kam er vom Arzt zurück und sagte: »Ich kann nicht mehr!« Wir mußten das Geschäft schließen.

Ein Jahr und sieben Monate hatte mein Mann Ruhe von der Arbeit. Er starb am 8. Juli 1987.

Am Grab sagte der Rabbiner, daß es in diesem Jahrhundert eine Seltenheit wäre, daß ein Jude wieder in heimatliche Erde gebettet wurde, für meinen Mann träfe es zu. Ich denke auch, daß trotz aller Schwierigkeiten es für meinen Mann so war, daß er nach dem Lager doch in gewisser Weise nach Hause, in den Ort, wo er geboren war, zurückkehren konnte.

Mit dem Tod meines Mannes waren mir meine Heimat und Geborgenheit, die er mir gegeben hatte, genommen worden. Nach meiner Befreiung war ich entwurzelt. An meinen Mann konnte ich mich anlehnen, nun fiel ich wieder in ein tiefes Loch. In der Todesanzeige schrieb ich in meiner Trauer doch überlegt: »Seine fürsorgliche Liebe wird mir sehr fehlen.« Nicht lange vor seinem Tode hatte mein Mann mir gesagt: »Du bist nie meine Frau gewesen, Du warst immer mein Töchterchen.« Er war es immer wieder, der mich behüten mußte. Tatsächlich war er für mich, die ich schon sehr früh kein rechtes Elternhaus mehr hatte und dann meine Eltern ganz verlor, derjenige, der für mich auch das Elternhaus verkörperte und Vater und Mutter ersetzte. Und weil mein Leben so sehr aus diesen Bindungen an ihn bestand, war es für mich nach dem Tode meines Mannes um so schwerer, mein Leben weiterzuführen. Obwohl ich in der ganzen Lagerzeit so viele Menschen habe leiden und sterben sehen und meine Eltern verlor, hatte ich mir nicht vorstellen können, was der Tod des eigenen Partners wirklich bedeuten würde. Pastor Hoffmann aus der evangelisch-reformierten Kirche bin ich zu aufrichtigem Dank verpflichtet, daß er – wie auch einige andere – in dieser schweren Zeit den Weg zu mir fand und mir beistand.

Der christliche Antisemitismus hatte den Boden geschaffen, auf dem Hitlers rassistischer Antisemitismus besser gedeihen konnte. Uns den Tod von Jesus am Kreuz anzulasten, das sitzt seither tief. Aus dem Vorwurf wurde der Vorwand für eine fast zweitausendjährige Verfolgung der Juden durch die christlichen Kirchen. Es geschah nicht überall und zu allen Zeiten gleich

desrepublik gemäß ihrer Einschätzung der Bestimmungen des Potsdamer Abkommens als nicht zuständig. Nach dem Warschauer Vertrag und der Aufnahme diplomatischer Beziehungen mit Polen leistete die Bundesrepublik in Verbindung mit Ausreisegenehmigungen für Deutsche in Polen pauschale Zahlungen an Polen in Höhe von 1,4 Milliarden DM. Im Jahre 1991 bewilligte die Bundesregierung 500 Millionen DM für »besonders geschädigte Opfer des Faschismus«, die von der neu geschaffenen Stiftung »Deutsch-polnische Versöhnung« verteilt werden sollen. Diese Zahlen sprechen nicht für sich, sondern man sollte diese Größenordnung auch darauf bezogen sehen, daß insgesamt 1,7 Millionen Polen als KZ-Häftlinge oder Zwangsarbeiter Ansprüche hätten anmelden können. Die Lösung dieser Frage drängt auch deshalb, weil 1991 nur noch die Hälfte am Leben war.[90]

Neben weiteren Aktivitäten auf Länder- und Gemeindeebene haben auch immer wieder Initiativen von Organisationen und Einzelpersonen wie Charlotte Petersen individuell zu helfen versucht.[91]

Stichwort: Juden nach 1945

Heute leben wieder dreißig- bis vierzigtausend Juden in Deutschland. Die meisten der Überlebenden der Konzentrationslager wollten wie Hella Wertheim nach ihrer Befreiung nicht mehr in Deutschland bleiben, auch emigrierte bzw. geflüchtete Juden zog es zunächst überwiegend nicht zurück nach Deutschland. Daß dennoch Tausende deutscher (und polnischer) Juden blieben, hat verschiedene Gründe. Bei Hella Wertheim, wie auch bei anderen, lag es in den Schwierigkeiten begründet, im Ausland aufgenommen zu werden. In anderen Fällen, besonders bei denen, die nach der Häftlingszeit noch zu schwach waren, reichten die Kraft oder der Wille für eine Reise ins Ungewisse nicht mehr. Polnische Juden wollten häufig einem sich wieder in ihrem Heimatland entwickelnden gewalttätigen Antisemitismus entgehen.

Neben dem allen gemeinsamen Versuch, nach 1945 eine wirtschaftliche Existenz neu aufzubauen, gelten für die Überlebenden eine Reihe weiterer gemeinsamer Schwierigkeiten, die mit den Leiden ihrer Lagerzeit im Zusammenhang stehen. Die Vergangenheit läßt sie nicht los, der Versuch, in einer Alltagsnormalität zu leben, bleibt bis heute mühevoll. Nach der allgemeinen Tendenz zu verdrängen, die einherging mit einer nun wieder engeren emotionalen Bindung an das Judentum, an die Gemeinde und auch an den Staat Israel und einer kritischen Distanz zu den nichtjüdischen Deutschen, treten die jüdischen Überlebenden heute häufiger und bewußt offener mit ihrer Vergangenheit in die Öffentlichkeit, gehen in die Schulen oder melden sich auf andere Weise zu Wort.

Dabei beklagen sie gerade die von ihnen immer wieder feinfühlig vernommenen Vorurteile, aber auch gedankenloses Gerede und versteckten Antisemitismus. Daß der nun wieder breiter und offener zutage tretende Neonazismus und die zunehmende Gewaltbereitschaft gegen Minderheiten nicht nur Hella Wertheim Sorgen machen, sondern bei allen

---

90) Vgl. Helga Hirsch: Zuwenig und zu spät, in: DIE ZEIT / Zeitmagazin, Hamburg1991.
91) Vgl. Friedrich W. Husemann: Die größte Bettlerin des Jahrhunderts. Einsatz einer engagierten Frau: Charlotte Petersen sammelt für vergessene KZ-Opfer, in: Hannoversche Allgemeine Zeitung, 1. Juli 1989.

intensiv, aber jetzt scheint genug Blut vergossen, daß auch die Kirchen dies sehen und umdenken wollen.

Es gibt gute Zeichen aus den christlichen Kirchen. Zum Beispiel tat eine aus Gildehaus stammende Krankenschwester, die heute mit einem Pfarrer in Mannheim verheiratet ist, einiges für eine christlich-jüdische Zusammenarbeit, indem sie sich als Christin schon früh tatkräftig um die Pflege der alten jüdischen Friedhöfe kümmerte.

Andererseits erfuhr ich vor nicht langer Zeit von ihnen selbst, daß nach ihren Beobachtungen auch die Christen bei der Frage des Antisemitismus erst am Anfang der Erkenntnis stünden. Es seien nur wenige, die verstünden, welche Ursachen und Auswirkungen das Gedankengut der Nazis und der Anti-Judaismus der Kirchen gehabt hätten und noch haben. Es stimmt mit meinen persönlichen Eindrücken überein, wenn ihr Mann, der durch seinen seelsorgerischen Beruf mit vielen Menschen in Berührung steht, noch »sehr viel Braunes, Unbelehrbares und wenig Schulderkenntnis« verspürt.

Und man muß außerdem bedenken, daß es heute in Form des Fremdenhasses einen Anti-Semitismus ohne Juden gibt. Gerade wenn wir heute über vier Millionen Ausländer zu integrieren haben, die teilweise aus fremden Kulturen kommen, wird es für mich rückblickend immer unfaßbarer, daß es nicht möglich gewesen sein sollte, die relativ kleine Zahl von 500 000 Juden in das damals große Deutsche Reich mit Ostpreußen, Pommern und Schlesien zu integrieren. Die Juden ihrerseits waren doch selbst größtenteils assimiliert, angepaßt oder einfügsam.

Auch für Gildehaus galt, daß vor der Nazizeit die hier lebenden Juden sich überwiegend um gute Nachbarschaft bemühten, so daß man zum Beispiel an diesem Ort von tatsächlich bestehender Gemeinsamkeit sprechen konnte. Hier wurde erst durch die Nazizeit das insgesamt nicht schlechte Neben- oder Miteinander aufgebrochen. Hitler und die Nazis haben auch hier viel zerschlagen.

Es gab auch für uns nach 1945 einige Begebenheiten, bei denen für uns Bezüge zu einem weiterbestehenden Antisemitismus gegeben waren. Er trat uns ja nie mehr so offen und brutal wie vor 1945 entgegen, aber wir spürten es beide. Neben der bezeichnenden Geschichte um die Mengele-Landmaschinen möchte ich hier nur ein weiteres unscheinbar wirkendes Beispiel aus der letzten Zeit anführen:

An alle Haushalte wurde während des Wahlkampfs zur letzten Europawahl hier in der Grafschaft eine Wahlkampfbroschüre der rechtsradikalen DVU mit der Post zugesandt, adressiert von dem Herausgeber der berüchtigten »National Zeitung«, dem verrufenen Judenhasser Dr. Gerhard Frey, namentlich an »Frau Wertheim«. Ich empfinde es als unmöglich, daß die Bundespost sich überhaupt in den Dienst dieses Kerls stellt. Der nette junge Mann bei der Post zeigte Verständnis für meine Erregung. Ich, die ich sonst immer alles geduldig getragen hatte, brachte den Brief zurück und ließ ihn zurückschicken.

Juden in Deutschland Skepsis und Ängste hervorrufen, ist um so nachvollziehbarer.

Sie können nicht vergessen. Während Hella Wertheim oft mit Schlaflosigkeit zu kämpfen hat, treten bei anderen häufig Alpträume über die Lagerzeit auf. Sie können und wollen überwiegend nicht vergessen, was ihnen in deutschem Namen geschah. Dennoch überwiegt bei den Überlebenden die Trauer gegenüber dem Haß.[92]

Die unbegründeten, aber dennoch existierenden Schuldgefühle derer, die aus einer großen Zahl überlebt haben, und die Frage nach dem »Warum«, die Hella Wertheim häufig in der Erinnerung beklemmen, sind ebenso bei anderen Opfern zu finden. Einige überlebende Opfer wie Jean Améry und Primo Levi, die ihr Schicksal in eindringlicher Weise reflektierten, nahmen sich in der Konsequenz ihrer Überlegungen das Leben:

»Sofern überhaupt aus der Erfahrung der Tortur eine über das bloß Alptraumhafte hinausgehende Erkenntnis bleibt, ist es die einer großen und einer durch keinerlei spätere menschliche Kommunikation auszugleichende Fremdheit in der Welt ... Wer der Folter erlag, kann nicht mehr heimisch werden in der Welt.«[93]

»Kommt deine Scham daher, daß du an Stelle eines anderen lebst? Und vor allem an Stelle eines großherzigeren, sensibleren, verständigeren, nützlicheren, des Lebens würdigeren Menschen als du? Du kannst es nicht ausschließen: du erforschst dich, läßt deine Erinnerungen an dir vorüberziehen und hoffst, sie alle wiederzufinden und daß sich keine von ihnen eine Maske aufgesetzt oder sich verkleidet hat.«[94]

---

92) Vgl. Susann Heenen Wolff: Im Haus des Henkers, Gespräche in Deutschland, Frankfurt am Main 1992.

93) Jean Améry: Jenseits von Schuld und Sühne. Bewältigungsversuche eines Überwältigten, Stuttgart 1977, zitiert nach der Taschenbuchausgabe Nördlingen 1988, S. 58 f.

94) Primo Levi: Die Untergegangenen und die Geretteten. Aus dem Italienischen von Moshe Kahn, 1986, München – Wien 1990, S. 81.

Das war nicht das Ende dieser Begebenheit. Einem älteren Herrn hatte ich etwas von mir ausgeliehen. Einige Tage später reichte er es mir mit einem Plastikumschlag herein, verbunden mit einer kleinen Danksagung auf der Rückseite eines Papieres. Ich merkte erst, als er wieder gegangen war, daß die Worte genau auf den Kopf der Werbebroschüre der DVU mit einem entsprechenden Artikelausschnitt geschrieben waren. Ich war so betroffen und fertig – ich bringe das zurück zur Post, und er schickt es mir wieder. Für mich war das in dem Moment ein Dokument dafür, wie die Menschen heute wieder denken. Vielleicht war es keine bewußte Absicht, vielleicht nur Achtlosigkeit. Es bleibt ein Dokument für mich. Seither ging ich dem Mann aus dem Wege, ich hätte ihm nicht ehrlich einen »Guten Tag« wünschen können.

Und ich vermag gar nicht auszudrücken, wie mich die jetzigen Bilder gewalttätiger Ausländerfeindlichkeit in der ehemaligen DDR erschrecken und aufwühlen.

Auschwitz einen Sinn zu geben, erscheint mir nicht möglich. Aber wenigstens müssen wir die Erinnerung daran wachhalten und wachsam sein in der Gegenwart und in der Zukunft. Dann wären die Millionen Opfer immer noch sinnlos ermordet worden, aber ihr unsinniger Tod hätte dann etwas Positives bewirken können. Ich dachte manches Mal, es hat sich nicht viel geändert, die Vorurteile und die Gedankenlosigkeit sind geblieben, die Opfer von Auschwitz haben auch für die Zeit danach nicht viel geändert.

Die Synagoge in Osnabrück liegt etwas fern, aber natürlich freut es mich, daß dort unter der Leitung des Vorsitzenden Ewald Aul, dessen Frau ich freundschaftlich verbunden bin, wieder ein aktives Gemeindeleben entstanden ist. Mein Mann, dessen distanziert-kritische Haltung gegenüber Gott ich anfangs erwähnte, blieb bis zum Lebensende bei seiner Frage: Wie konnte Gott das zulassen? Für ihn war das jüdische Volk nicht mehr das auserwählte Volk, allenfalls, beklagte er, sei es zum Leiden auserwählt. Dennoch betete er jeden Abend zu Gott. Er betete für mich mit, denn mein Gebetbuch blieb meistens unberührt in der Nachttischschublade liegen. Aber wir haben nie auch nur darüber gesprochen, unser Judentum aufzugeben. Das hätten wir nie getan, auch wenn wir noch einmal diesen Leidensweg hätten gehen müssen.

Natürlich akzeptiere ich die anderen Religionen. Schlimm wird es, wenn einer meint, sein Glaube wäre besser als der des anderen, und wenn die Religionen Mauern um sich aufbauen, anstatt den Glauben des anderen zu tolerieren und das Verständnis zu suchen. Besonders die Nächstenliebe, die ja das Judentum ebenso wie das Christentum fordert, wäre ein guter Ansatz dazu.

Heinrich Heine merkte schon, welche Schwierigkeiten ein Jude damit haben kann, sein Judentum zu bestimmen oder sich von ihm zu lösen. Michael Wieck, der als »Geltungsjude« nur noch einen indirekten Bezug zum Judentum hatte, bemerkte, daß er sein Judentum nicht einfach ablegen konnte, und ich erlebte in meiner Umgebung selbst mit, wie sich eine Frau, deren Familie vom Judentum nichts mehr wissen wollte, wieder ihrer eigentlichen Herkunft bewußt wurde und sich mit ihrem Kind wieder in der Tradition des alten Glaubens bewegt.

Wiedersehen von drei Überlebenden gemeinsamer Lagerzeit (1970): Ellen Eliël geb. Wallach (mit Ehemann), Judita Klauberová geb. Peitzer, Hella Wertheim geb. Sass (von links)

Wie es mir allmählich besser ging

Daß sich bis heute meine Persönlichkeit wieder festigen konnte, verdanke ich mehreren Umständen.

Bei der Beerdigung meines Mannes sah ich Judith aus Brünn und Ellen aus Amsterdam, mit denen ich gemeinsam durch Theresienstadt, Auschwitz und Lenzing gegangen war, zum zweiten Mal gemeinsam wieder. Wir sind empfindsame und auch unterschiedliche Frauen, und doch empfinde ich es als ein Wunder, daß sich diese sonst in Briefen und Telefonaten gepflegte Freundschaft aus der Lagerzeit bis heute erhalten konnte.

Wenn mir mein Mann vieles abgenommen hatte, dann fiel es mir in meiner Lethargie nach seinem Tode um so schwerer, mit der Situation fertig zu werden. Er hatte mich behütet und abgeschirmt, mit seiner Liebe und Fürsorglichkeit fast zugedeckt. Andererseits führte nun kein Weg darum herum, daß ich im Laufe der Zeit in allem selbständiger werden mußte. Allein zu kochen, fällt immer noch schwer, aber inzwischen habe ich gelernt, zur Bank, zum Finanzamt und zu den Behörden zu gehen. Auch die Tatsache, daß ich dies und das unternehme, daß ich mich allein in den Zug nach Stuttgart setzte und der liebenswerten Einladung der Familie Michael Wiecks folgte, wäre anfangs für mich gar nicht denkbar gewesen. Der Besuch dort gab mir Auftrieb. Ebenso half mir ein wenig, daß mich die Journalistin Marion Krüger besuchte und danach einen großen Artikel über mein Leben im Osnabrücker Kirchenboten veröffentlichte.

Aber der Mensch braucht eine Aufgabe.. Manchmal sinnierte ich darüber nach, ob ich das Geschäft allein hätte weiterführen sollen, denn ich war bei der Schließung unseres Ladens erst 57 Jahre alt. Es wäre gut gewesen, wenn wir nun große Kinder gehabt hätten, die das Geschäft hätten weiterführen können.

Mein Lebensinhalt entwickelte sich während der letzten Jahre glücklicherweise zum Besseren. Über die Gildehauserin Gesine Swieter, die lange auf Borkum lebte, lernte ich eine inzwischen über neunzigjährige Witwe auf Borkum kennen, die aufgrund ihres hohen Alters auf Hilfe angewiesen ist. Als ich mich in ihrem Haus auf Borkum zum ersten Mal von ihr verabschiedete und sie sich für meine Hilfe bedankte, antwortete ich: »Wir haben uns gegenseitig geholfen!« Ich empfand, wie wahr es ist, wenn es heißt: Die Freude, die wir geben, kehrt ins eigene Herz zurück!

Inzwischen verbringe ich im Wechsel mit der erwähnten Frau Swieter Monate auf Borkum bei der alten Dame, die trotz ihrer Beschwerden geistig rege geblieben ist und ein auch mich anregendes Leben führt. Auch Borkum, die schöne ostfriesische Insel, schätze ich trotz ihrer für mich nicht unproblematischen Vergangenheit sehr. Dieses ständige Auf und Ab der See, auch wenn sie rauh ist, die Weite des Blicks, der weite Strand und weite Spaziergänge, das beruhigt mich, macht mich innerlich ruhiger, und zugleich bekomme ich manchmal ein Gefühl von der kleinen Dimension

Stichwort: Eine Reise in die dunkle Vergangenheit

Die Gildehauserin Hella Wertheim nach 46 Jahren wieder im »Ghetto Theresienstadt«[95]

Sie war gerade vierzehn Jahre alt, als sie 1942 mit ihren Eltern in das Ghetto nach Theresienstadt deportiert wurde. In dieser kleinen Garnisonsstadt 60 km nördlich von Prag hatten die Nationalsozialisten Kasernen und Zivilhäuser räumen lassen, um hier Juden aus den verschiedensten europäischen Ländern zu internieren, bevor die meisten von ihnen in die Vernichtungslager in Polen geschickt und umgebracht wurden.

Die gebürtige Insterburgerin Hella Wertheim geb. Sass überlebte Theresienstadt, Auschwitz und das Frauenlager Lenzing in Österreich. Nach der Befreiung und einer Odyssee durch halb Europa landete sie schließlich doch wieder in dem Land, in dem sie sich damals nicht mehr zuhause fühlen konnte. Sie lebt heute zurückgezogen in Gildehaus in der Grafschaft Bentheim.

46 Jahre nach ihrem Abtransport nach Auschwitz besuchte Hella Wertheim zum ersten Male wieder das »Ghetto Theresienstadt«, das heute als Terezín auf den ersten Blick wieder das Bild einer normalen, etwas heruntergekommenen Kleinstadt in der CSFR bietet.

Das »Kinderheim« für deutsche Kinder und Jugendliche im Ghetto, in das Hella nach ihrer Ankunft in Theresienstadt gebracht wurde und in dem sie zwei Jahre lebte, ist auch ohne den alten Plan des Ghettos leicht wiederzufinden. Es ist das große gelbe Empiregebäude, das in der Habsburgerzeit das Divisionskommando der Festung beherbergte. Am zentralen Stadtplatz gelegen, links neben der noch immer geschlossenen Stadtkirche, ist das »Kinderheim« heute wieder bewohnt. Über dreißig Briefkästen auf beiden Seiten des Eingangsportals zeigen an, daß die Räume als kleine Wohneinheiten genutzt werden.

Hella erinnert sich genau, daß die Jungenzimmer in der mittleren Etage lagen und die Mädchenzimmer von den langen Fluren der zweiten Etage abgingen. Mit etwa zwanzig Mädchen lebte Hella damals zusammengedrängt in einem Raum. Sie steht nun vor der drittletzten Tür im linken Flügel, vor »ihrem« Zimmer, und verharrt dort schweigend für einen Augenblick. Dann öffnet sich eine andere Tür, durch die ein junger Tscheche seine kleine Wohnung verläßt. Ob er die Geschichte dieses Hauses kennt? Ob er ahnt, daß diese ältere Dame auf der Suche nach den Spuren einer schrecklichen Kindheit ist? Er grüßt kurz auf tschechisch und geht dann schnell vorbei.

Untereinander wären die Mädchen in diesem Zimmer recht gut ausgekommen, obwohl man sich in der Enge schon anpassen mußte. Dafür hätte auch ihre Betreuerin Judith Peitzer gesorgt, die – als tschechische Jüdin selbst eine Gefangene des Ghettos – versuchte, die unterschiedlichen Charaktere der Mädchen so zu integrieren, daß die ohnehin schwierige Situation nicht noch verschlimmert wurde.

Statt Schule gab es für die Mädchen Arbeit in der »Abteilung Landwirtschaft«. Auf den Gärten und Feldern der Bastei wurde für die SS gearbeitet, aber manchmal konnte Hella doch einen Kohlkopf unter dem Rock in das Heim schmuggeln. Es gab nicht genügend zu essen, so richtig satt wurde sie nie.

Fast alle Kinder wurden, durch die Verhältnisse bedingt, irgendwann krank. Hella bekam Typhus und überstand diese Krankheit nicht zuletzt durch die liebevolle Versorgung jüdischer Ärzte und

---

95) *Text der Reportage von Manfred Rockel in den »Grafschafter Nachrichten«, Nordhorn, 3. November 1990.*

des eigenen Lebens. Ich genieße die Promenade mit dem Kurorchester, die Lesehalle und die Bibliothek, und vor allem – hier kennt mich niemand der Gäste, und ich fühle mich frei und unbeschwert. Das alles trug zu meiner seelischen Gesundung bei.

Auch die Arbeit an diesem Buch bedeutete für mich zugleich eine Hilfe. Über meine Vergangenheit zu sprechen und nachzudenken fällt mir schwer, wenn es um die Darstellung der schlimmen Erlebnisse meiner Lagerzeit geht. Meine Vergangenheit wird mich immer beschäftigen, aber sie wühlt mich nicht mehr so auf, daß sie mich lähmen könnte. Im Gegenteil, auch die Gespräche und die Arbeit für dieses Buch tun mir gut.

Schwestern, die trotz widrigster Umstände ein wirksames Gesundheitswesen im Ghetto aufbauten. »Ich lag mit schwerem Thyphus wochenlang im Dämmerzustand. Mir fielen die Haare aus. Auch in Auschwitz bin ich ja dann noch einmal geschoren worden. Mit meinen Haaren ist das nie wieder etwas Vernünftiges geworden.« Endlich hätten sich Roseolen auf der Haut gezeigt, Hoffnung gebende Zeichen, daß die Krankheit abklang.

Dann steht Hella vor dem ehemaligen »Kaffeehaus« des Ghettos. Meistens bekamen dessen Gäste nichts zu trinken, schon gar nicht richtigen Kaffee, aber in dieser Umgebung stundenweise an einem Tisch zu sitzen und Musik von der kleinen Bühne zu hören, war schon eine Freude. Als Mädchen habe Hella an dem sich hier im Ghetto entfaltenden kulturellen Leben gelegentlich teilgenommen, besonders »Die Verkaufte Braut« habe es ihr seitdem angetan, aber die »Ghetto-Swingers«, die regelmäßig im Kaffeehaus auftraten, habe sie nicht gehört. Hella Wertheim ist sich sicher, als sie den größeren Restaurantsaal des Gebäudes am Stadtplatz betritt, daß dort oder nebenan das »Kaffeehaus« gewesen sein muß. Von drei Tischen aus verfolgen an diesem Sonntag vormittag einfach bis nachlässig gekleidete Tschechen biertrinkend die vom Fernsehen übertragenen Pferderennen. Die deutsche Besucherin möchte rasch weiter. Das Zivilhaus, in dem ihre Mutter untergebracht war, die sie als Mädchen doch häufig besucht hat, ist schwer wiederzufinden – sie geht die Nebenstraßen im nördlichen Bereich auf und ab, sie weiß nur, daß es eine graue Fassade hatte – somit stehen einige Häuser zur Auswahl. Schließlich entscheidet sie sich für eins: »Ja, hier wohnte meine Mutter.« Ihre Mutter Ida Sass hatte zeitweise beim Kartoffelschälen in der Küche arbeiten können, was natürlich auch Hella in dieser Zeit zugute kam.

Ihr einstmals schwergewichtiger Vater war am schlechtesten dran. Seiner heute 62jährigen Tochter erscheint im Gedächtnis noch genau das Bild, wie

sie ihren Vater einmal bei der Essensausgabe beobachtete, wo er freundlich um einen Nachschlag der dünnen Kohlsuppe bat, aber nichts bekam. Ihr Vater wurde schwer krank. Zeitweise lag er in der zu einem provisorischen Krankenlager umfunktionierten Geniekaserne. Hella staunt, daß die Kaserne heute noch leicht vergilbt, aber deutlich erkennbar an der Ecke die Bezeichnung des Gebäudes im Ghetto trägt: Block E III/L2. Die deutsche Lagerverwaltung hatte die ganze rechtwinklig angelegte Garnisonsstadt und ihre Gebäude durch Straßenbezeichnungen in Längs-(L) und Querstraßen (Q) durchnumeriert, die entsprechende Hausnummer angefügt und so an jedem Haus mit Farbe eine Markierung vorgenommen. Den neuen tschechischen Bewohnern sind bis heute diese Bezeichnungen häufig erhalten geblieben. Mit Bewahrung eines geschichtlichen Überrestes oder gar Denkmalspflege hat es nichts zu tun, eher mit der Tatsache, daß an vielen Gebäudefassaden in der Tschechoslowakei seit Kriegsende wenig verändert wurde.

Hellas Vater starb an Krankheit und Entbehrungen am 27. August 1944. Hella begleitete damals mit ihrer Mutter den hölzernen Karren, auf dem die Leichen in einfachen Holzkästen zu den Gewölben am Rande des Ghettos gebracht wurden, wo ein Rabbiner eine letzte Andacht hielt. Hella und ihre Mutter mußten damals am Schlagbaum, wo die Leichen zum Krematorium gebracht wurden, endgültig Abschied nehmen. Heute ist der Weg zum Krematorium für Hella frei. In der Gedächtnisstätte verharrt sie vor einem offenen Pappkarton mit Knochenresten. Bei dem Gedanken, daß ihr Vater in einer solchen »Urne« auf dem Gräberfeld auf beiden Seiten des Krematoriums sein Ende gefunden haben mag oder einfach die Asche in die Eger geschüttet wurde, bricht die ganz in sich zusammengesunkene Frau in Tränen aus.

Durch den tschechischen Rentner Frantisek Černy, der in bewundernswerter Eigeninitiative die Ge-

Hella Wertheim wieder in Theresienstadt – an der Gedenktafel vor dem Krematorium

dächtnisstätte betreut, kommt eine spontane Begegnung zwischen einer nordamerikanischen Besuchergruppe und Hella Wertheim zustande. Still, teilweise zu Tränen gerührt, lauschen die Amerikaner, was sie von ihr in der englischen Übersetzung über das Leben und Leiden in diesem Ghetto erfahren. Sie fragen auch, warum sie nach 46 Jahren hierher zurückgekommen sei. Hella habe schon seit einigen Jahren den Wunsch dazu gehabt, es hinderte aber die große Furcht, in ein kommunistisches Land zu fahren. Nun, seit Václav Havel, habe sich auch das Verhältnis der Tschechoslowakei zu den Juden entspannt, und sie habe es gewagt. Es fiele ihr schwer, aber sie findet nun, daß es gut war, diese Reise in ihre schlimme Vergangenheit anzutreten. Sie appelliert daran, diese Leiden, die ihr ganzes Leben geprägt haben, nie zu vergessen.

Auf dem Weg zurück in den Ort sind mit Unkraut überwachsene Reste der einspurigen Schienenverbindung erkennbar, die in der Zeit des Ghettos von Häftlingen zum nächsten Bahnhof gelegt werden mußte, um die Deportationen nach und von Theresienstadt in die Vernichtungslager ohne Aufsehen durchführen zu können.

Schon einen Monat nach dem Tod des Vaters bekamen Hella und ihre Mutter vom Ältestenrat des Ghettos die Anordnung, sich zu einem »Arbeitertransport in den Osten« einzufinden. Hinter der Kaserne, die bezeichnenderweise »Schleuse« genannt wurde, endet das Gleis. Hella erinnert sich genau, wie sie hier an der Hand der Mutter im Oktober 1944 den Viehwagen bestieg, ohne zu wissen, was Auschwitz wirklich bedeutete.

Nach der Ankunft in Auschwitz wurde Hella gleich bei der »Selektion« von ihrer Mutter getrennt. Ihre Mutter kam in der Gaskammer um. Hella wurde nach Tagen der Ungewißheit schließlich als Arbeitskraft in eine Gefangenengruppe eingereiht, die in Viehwaggons in das Frauenkonzentrationslager Lenzing in Österreich transportiert wurde. Dort wurde sie bis zu ihrer Befreiung im Mai 1945 in der Lenzinger Zellulosefabrik ausgebeutet.

Nach einer Irrfahrt durch halb Europa schob man Hella Ende 1945 schließlich aus einem Internierungslager aus Holland ab – sie galt nun wieder als Deutsche.

In der Grafschaft lernte sie ihren inzwischen verstorbenen Ehemann Heinz Wertheim kennen, einen Gildehauser, der als einziger aus seiner Familie ebenfalls die Lagerzeit überlebt hatte. Mit ihm zusammen betrieb sie fast vierzig Jahre lang ein kleines Textilgeschäft in Gildehaus.

Gedenkstätte und Friedhof für die über 30 000 Toten Theresienstadts

Nachwort von Manfred Rockel

»Immer alles geduldig getragen« – dieses zweifach zu deutende Resümee ihres (Lager-)Lebens, das Hella Wertheim im Gespräch nur in einem Nachsatz äußerte, galt und gilt für sie bis in die Gegenwart. Auch heute noch trägt Hella Wertheim schwer an ihrem Schicksal. Das Vergessenkönnen ist eine großartige Eigenschaft des Gedächtnisses, aber nicht alle Wunden können heilen. »Es gibt einen singulären Schmerz, der nie aus der Welt kommt, Erfahrungen und Wunden, die für immer bleiben« (Siegfried Lenz). Zu sehr sind auch bei Hella Wertheim die Leiden der Vergangenheit gegenwärtig, als daß sie vergessen könnte. Dies ist, wie es auch das Buch deutlich vor Augen führt, auch deshalb nicht möglich, weil sich bei ihr über eigentlich alltägliche Bilder, Begebenheiten und Daten ständig Assoziationen einstellen, die eine Verbindung oder Verkettung mit ihrer traumatischen Erlebnislast herstellen.

Die große Hilfe, die Hella Wertheim durch ihren Mann Heinz erfuhr, bestand unter anderem darin, durch ihre gemeinsamen Gespräche gar nicht erst zu versuchen, das Erlittene zu verschütten. Obwohl Hella Wertheim in diesem Dialog stand, bedeutete es für sie nach dem Tode ihres Mannes eine große Anstrengung, nicht ins Schweigen zu verfallen, sondern sich einer über zwei Jahre bestehenden Gesprächssituation für die Erarbeitung dieses Buches auszusetzen. Diese Gespräche waren durch fast plaudernde Passagen ebenso charakterisiert wie durch Momente des Stockens, Innehaltens und durch Tränen, wenn die ausgesprochene Erinnerung den Schrecken der Situation oder die Trauer um die verlorene Familie wachrufen mußte.

Und dann dennoch ihr Urteil: »Die Gespräche und die Arbeit für dieses Buch tun mir gut.« Zu dieser positiven Einschätzung trägt bei, daß die emotionale Belastung des Erinnerns gegenüber dem trügerischen Selbstschutz der Verdrängung weniger schwer fallen mag, wenn das Erinnern wie bei dem Buchprojekt in eine aktivierende und von ihr als sinnvoll angesehene Aufgabe gestellt ist.

Es sind inzwischen rund fünfzig Jahre vergangen, daß man das unschuldige Mädchen Hella verletzte und brach, daß sie ihre Familie und ihre Heimat verlor, daß sie kaum selbst überlebte und daß sie perspektivenlos versuchen mußte, neu anzufangen. Aber so, wie nach dieser lang erscheinenden Zeitspanne die Opfer nicht vergessen können, sollten wir, denen das Vergessen leicht und bequem fallen könnte, es als unsere Aufgabe sehen, nicht vergessen zu wollen, sondern uns der NS-Zeit und ihrer Folgen bewußt bleiben und die daraus zu ziehenden Lehren in die Gegenwart einbringen. Dies um so mehr, als Hella Wertheim mit ihren Erinnerungen und Gedanken den Leser ergreifen, aber nicht angreifen will. Der gegenwärtig häufig zu erkennende Trend, »Stasi statt Nazi« zu setzen, wird dieser Aufgabe folglich überhaupt nicht gerecht.

Dieses Buch mag auch mehr bedeuten als das historische Sichern der Geschichte einer der wenigen noch lebenden Zeitzeugen auf Seiten der Opfer: Die persönliche und das Einzelschicksal beschreibende und reflektierende Darstellung der Hella Wertheim öffnet auch einen unmittelbareren Zugang zu einer Identifikation mit den Millionen namenlos bleibenden Opfern des Holocausts, der angesichts des industriell betriebenen Massenmords der großen, aber doch abstrakten Zahlen für viele so entfernt und abstrakt erscheint, weil er in einer vermeintlich unüberschaubaren und unfaßbaren Ereignisfülle zu stehen scheint.

Weiterhin werden durch Hella Wertheim mit ihrem persönlichen Erlebnis- und Erfahrungsbereich exemplarisch auch grundlegende strukturelle Elemente und Zusammenhänge des nationalsozialistischen Systems und insbesondere des Holocausts deutlich. In diesem Sinne sollen auch die »Stichwörter« nicht nur durch Informationen ergänzen, sondern über das individuelle Schicksalsfeld hinausgehen und übergreifende, generalisierende Wirkungszusammenhänge aufzeigen.

Ich danke Hella Wertheim dafür, daß ich ihr für dieses Buchprojekt Ansprech- und Aussprechpartner sein konnte. Mit Hella Wertheim durfte ich einen Menschen mit einem ganz außergewöhnlich harten Lebensweg kennen- und schätzenlernen.

Manfred Rockel
Lingen, im August 1992

Bildnachweis:
Manfred Rockel (Fotos):
Vordere Umschlagseite (Vorlage), S. 32, S. 34, S. 36,
S. 38 (Privatbesitz), S. 44, S. 46 (unten), S. 65, S. 70,
S. 90, S. 92, S. 107, S. 110, S. 123, S. 125
Hella Wertheim (Fotos):
S. 76 (Repro Karte), S. 84, S. 94, S. 96, S. 98, S. 100, S. 118
Stadtarchiv Bielefeld: S. 16 (Repro)
Staatliches Jüdisches Museum Prag: S. 22 (Repro), S. 46 oben (Repro)
Gedenkstätte Auschwitz: S. 50 (Repro)

Auf der vorderen Umschlagseite ist ein Ausschnitt der Häftlingsjacke Hella Wertheims
aus dem KZ Lenzing abgebildet

I. Schriftenreihe des Museumvereins für die Grafschaft Bentheim

Band 1 »Ein Museum für die Grafschaft Bentheim«
        1989, Auflage 1000, vergriffen

Band 2 »Hans Ohlms – Retrospektive«
        Leben und Werk eines Nordhorner Künstlers
        1990, 35,00 DM, Auflage 500

Band 3 Hella Wertheim / Manfred Rockel
        »Immer alles geduldig getragen«
        Als Mädchen in Theresienstadt, Auschwitz, Lenzing, seit 1945 in der Grafschaft Bentheim
        1992, 1. Auflage 500, 18,80 DM,
        ISBN 3-922-303-072
        1993, 2. Auflage 2000

II. Jahresgaben des Museumvereins für die Grafschaft Bentheim

1989 Hans Ohlms, Hauptstraße in Nordhorn um 1950 (Nachdruck)
      30,00 DM, Auflage 500, numeriert und limitiert

1991 Grafschaft Bentheim (Nachdruck einer Karte von de Wit, ca. 1642)
      25,00 DM, Auflage 500, numeriert und limitiert

1992 Kloster Frenswegen (Nachdruck eines Stahlstiches, ca. 1850)
      25,00 DM, Auflage 500, numeriert und limitiert

Evtl. Veröffentlichungen des Museumvereins
nach Absprache mit und Vorlage durch Herrn Delißen